一本书读懂估值

简明易懂的估值入门书

肖星 著

VALUATION

机械工业出版社
CHINA MACHINE PRESS

图书在版编目（CIP）数据

一本书读懂估值 / 肖星著 . -- 北京：机械工业出版社，2025.3.（2025.8 重印）. -- ISBN 978-7-111-77696-3

Ⅰ . F276.6

中国国家版本馆 CIP 数据核字第 20253LY186 号

机械工业出版社（北京市百万庄大街 22 号　邮政编码 100037）

策划编辑：华　蕾　　　　　　　　责任编辑：华　蕾　闫广文
责任校对：赵玉鑫　张慧敏　景　飞　责任印制：刘　媛
三河市宏达印刷有限公司印刷
2025 年 8 月第 1 版第 3 次印刷
170mm×230mm・13.5 印张・153 千字
标准书号：ISBN 978-7-111-77696-3
定价：79.00 元

电话服务	网络服务
客服电话：010-88361066	机 工 官 网：www.cmpbook.com
010-88379833	机 工 官 博：weibo.com/cmp1952
010-68326294	金 书 网：www.golden-book.com
封底无防伪标均为盗版	机工教育服务网：www.cmpedu.com

前　言

很多人都认为估值是个"技术活儿"，确实，估值的过程涉及复杂的计算和各种模型的应用，稍不留神就有可能出错。实际上，估值更是一门"艺术"。无论使用多少模型，进行多么复杂的计算，估值都是一件非常主观的事情，没有人敢说自己的估值结果准确无误。这不是因为其中的计算可能出错，而是因为这些计算赖以存在的基础都是主观估计。而能不能做出更"准确"的估计，则取决于个人对经济、社会、行业和企业战略的理解，因此带有很强的"艺术"色彩。

举个例子，假设我们对两家科技公司进行估值。从技术层面来看，我们可以使用DCF模型，将公司未来现金流的预测值折现为当前价值。但问题在于，对现金流的预测本身充满了不确定性。市场是否会接受这两家公司的产品？竞争对手是否会快速跟进？技术是否会迅速迭代？这些问题的答案往往取决于个人的认知和判断。因此，即使当前这两家公司具有基本相同的盈利数据，未来的发展也可能大相径庭，不同的人对这两家公司就可能会得出截然不同的估值结果。

不可否认，估值具有很强的技术性。估值涉及大量的计算和模型，而这些计算和模型的背后，往往有较深的学术理论。确定贴现率时如何考虑无风险收益率？如何计算贝塔系数？……这些复杂的技术问题往往让很多初学者望而生畏，在多年的教学过程中，我也看到了学生们面对这些问题时的困惑。因此，本书试图以一种通俗易懂的方式把估值的逻辑、步骤和方法讲清楚。本书不会过多涉及模型和方法背后的学术理论，而是聚焦于各类模型的实际应用，并通过实际案例帮助读者理解其计算过程和应用场景。

以现金流贴现法为例。它是最常用的估值方法之一，它通过预测公司未来的自由现金流，并将其折现为当前价值，得到公司的内在价值。这种方法的难点在于，没有人能准确预测一家企业在未来数十年甚至更长时间内的现金流。因此，就需要对现实世界进行简化，如何让这个简化的过程更接近实际，就是估值中典型的"技术处理"。同时，不同的现金流贴现法适用于什么样的场景，也是估值中重要的技术问题。

由于现金流贴现法的复杂和烦琐，人们在实际操作中往往更喜欢使用乘数法估值，这类方法只需要做一个简单的乘法运算就能完成估值，看起来非常友好。然而，乘数法实际上是对现金流贴现法的极度简化，这个简化过程依赖很多理想化的假设，如果不了解这些假设，就很容易错误地使用乘数法。在现实中，我们往往看到各种乘数被广泛使用，除了最熟悉的市盈率、市净率之外，还有市销率、EV/EBITDA等。如何在不同的场景下正确使用这些乘数，同样是一个"技术活儿"。

然而，我绝不希望把本书写成一本操作手册，而是希望通过本书，能够让读者对价值的概念有更深刻的认识。比如，我们常说的价值究竟指什么价值？企业的价值是如何创造出来的？经常被追捧的"增长"

是什么的增长？什么样的增长才创造价值？企业在不同生命周期的估值有什么特征？等等。

我在教学过程中经常遇到学生对估值现象的困惑。比如，为什么一些亏损的科技公司能够获得极高的估值？从技术层面来看，这似乎违背了传统的估值逻辑，因为亏损的公司通常被认为不具备投资价值。然而，如果我们从"艺术"层面去理解，就会发现这些公司的高估值背后，是它们所具有的某种竞争优势或护城河，因而高估值来源于对未来增长潜力的预期。例如，特斯拉在早期亏损严重，但市场对其颠覆性技术和未来市场份额的预期，使其获得了极高的估值。这种现象反映了市场对创新的包容，也提醒我们，估值不仅仅是对过去的总结，更是对未来的押注。

再比如，为什么一些传统行业的公司估值长期低迷？这可能是因为这些公司虽然有眼前的盈利，但缺少在未来的市场环境下保持竞争优势的能力，因而市场对其增长潜力缺乏信心。当然，如果我们深入分析，可能会发现这些传统行业中的某家公司正在通过业务模式的创新或成本结构的优化创造新的价值。此时，就是发现估值偏离的好时机。

本书将带领读者探讨这些看似矛盾的现象背后的原因，帮助读者建立更全面的估值思维。通过这些思考，我们不仅能更好地理解估值的本质，而且能培养出独特的认知能力，从而在复杂的商业世界中做出更明智的决策。

本书的目标读者分为两类：一类是投资者和专业分析人士，以及相关专业的学生；另一类是企业家和管理者。

对于投资者和专业分析人士来说，估值是他们日常工作的重要工具。无论是选股、并购还是投资决策，估值都是不可或缺的环节。通过本书，他们不仅能掌握各种估值方法的原理和如何应用，还能提升对价值创造的理解，从而做出更精准的投资判断。

对于企业家和管理者来说，理解估值的本质同样重要。通过这本书，他们可以更好地理解市场对企业价值的认知逻辑，从而调整经营策略，提升企业的价值创造能力。例如，一家传统制造企业如果能通过数字化转型或业务模式创新，提升市场对其未来增长潜力的认可，其估值可能会大幅上升。这种认知不仅有助于企业的融资，还能帮助企业在竞争中占据更有利的位置。

对于那些不想过多涉足估值细节的读者来说，本书在布局上也进行了考虑，可以让他们比较容易地跳过相关章节，不破坏阅读的连续性。

估值是一门需要不断学习和实践的学问。它不仅是技术的运用，更是艺术的体现。通过这本书，我希望读者能够掌握估值的技术要领，同时对价值创造有更深刻的理解。让我们一起用理性的思维和感性的洞察去发现并创造价值。

目录

前言

第1章 认识估值   1

1.1 这家公司值多少钱   2

1.2 今天的一元钱不等于明天的一元钱：贴现   6

1.3 当你拥有"生金蛋的鹅"：永续年金   10

1.4 什么样的投资才算值：贴现率   15

1.5 高风险、高回报：资本资产定价模型   22

重要知识点   26

第2章 预测报表   29

2.1 对未来经营做预演：预测报表的流程   30

2.2　经营活动的预测　　　　　　　　　　35

2.3　投资活动的预测　　　　　　　　　　39

2.4　资金是富余还是短缺：调平资产负债表　　43

2.5　盘一盘手头的真金白银：预测现金流量表　　47

2.6　预测中的难题与艺术　　　　　　　　52

2.7　预测报表的实战练习　　　　　　　　56

第3章　估值模型　　　　　　　　　　101

3.1　五种常见的估值模型　　　　　　　　102

3.2　五种模型之一：股利贴现模型　　　　　107

3.3　五种模型之二：权益现金流贴现模型　　　110

3.4　五种模型之三：调整后的现值模型　　　　111

重要知识点　　　　　　　　　　　　　112

第4章　五种模型之四：自由现金流贴现模型　　114

4.1　什么是自由现金流　　　　　　　　　115

4.2　自由现金流的计算方法　　　　　　　117

4.3　将自由现金流进行贴现　　　　　　　121

4.4　估值的实战练习　　　　　　　　　　123

重要知识点　　　　　　　　　　　　　128

第5章　五种模型之五：剩余收益模型　　　　130

5.1　应用的前提条件　　　　　　　　　　131

5.2　剩余收益模型的经济含义　　　　　　135

5.3　EVA估值法　　　　　　　　　　　140

5.4　估值的实战练习　　　　　　　　　　146

5.5　自由现金流贴现模型和EVA估值法的应用范围　151

重要知识点　153

第6章　乘数法估值　155

6.1　找一个参照对象来估值　156

6.2　对参照对象的要求：可比性　159

6.3　增长率不同时，怎么估值　164

6.4　负债率不同时，怎么估值　168

6.5　核算方法不同，亏损、多元化的公司，怎么估值　175

6.6　市净率的用法　181

重要知识点　184

第7章　公司价值的源泉　188

7.1　公司凭什么值钱　189

7.2　只要增长，公司就会更值钱吗　191

7.3　公司创造的超额收益在逐年增长吗：市盈率的决定因素　194

7.4　公司创造了超额收益吗：市净率的决定因素　198

7.5　企业在不同生命周期的估值特征　200

重要知识点　205

第 1 章

认识估值

1.1
这家公司值多少钱

公司内外部有很多人都要进行财务分析,他们进行财务分析的目的不尽相同。内部的管理者希望通过财务分析了解自己公司的运营情况,并基于此来判断和决定公司未来的管理重点,以便制定更有效的战略决策;公司外部人的目的则是了解这家公司。然而,只对公司进行定性的分析是远远不够的,特别是对于股权投资者来说,他们需要把定性的判断转换成定量的结果,获得定量结果的过程就是**估值**。

估值与资产评估的差异

估值与资产评估有什么不同呢?资产评估是对公司的资产进行价值评估。一家公司除了显而易见的有形资产,如设备、厂房、现金、存货等,还有其他各种各样看不见的资产,如应收账款、无形资产等。此外,公司还有一项特别重要的"资产"不体现在资产负债表中,那就是人!人会创造价值。⊖ 因此,公司的价值不限于报表上的资产,对

⊖ 有些人会有损价值,这里说的创造价值可以是正的,也可以是负的。

公司的估值也绝不能局限于资产评估。估值和资产评估是两个不同的概念。

众所周知，做股票投资时要对股票进行估值，对股票的估值以公司估值为基础，是对公司估值的延续。现实中，在很多情况下人们都需要进行估值。如：基金公司在决定买什么样的股票时，要对股票进行估值；证券公司在做自营业务进行股票的买卖时，也要对目标公司的股票进行估值；金融分析师或行业研究员也要对股票进行估值，把估值结果提供给证券公司或基金公司，以帮助它们做买卖股票的决策；有专业能力的投资者同样要对公司的股价进行评估，以决定自己的投资策略。一家公司收购另一家公司时，要对被收购的公司进行估值，估值的结果是双方谈判成交价格的依据。风险投资和不同阶段的私募股权投资等，在被投资公司上市前入股成为股东，上市后再通过卖出股票获利，它们在进行股权投资时同样需要对被投资的公司进行估值。

估值结果如何应用于具体的投资行为呢？原理很简单，比如：股票的估值结果是每股 10 元，而现在市场上的交易价格是每股 8 元，显然 8 元买进这只股票是合适的。反之，如果估值结果是每股 5 元，而现在的股价是每股 8 元，就应该卖出股票。

估值的基本框架

对公司的估值不同于资产评估，它是对公司整体或股权进行估值的过程。这个过程可用图 1-1 来简单解释。

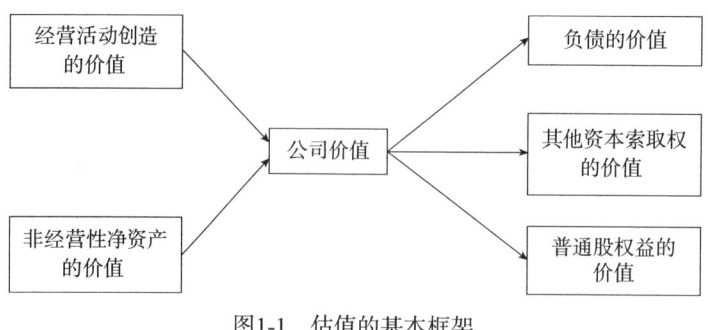

图1-1 估值的基本框架

图1-1的左边表示的是公司价值的创造：

公司价值=经营活动创造的价值+非经营性净资产（金融资产）的价值

公司价值由两部分组成：一部分是经营活动创造的价值，另一部分是公司持有的金融资产的价值。由于金融资产的价值与公司经营活动没有任何关系，所以经营活动创造的价值加上金融资产的价值才是公司的整体价值。

图1-1的右边表示的是公司价值的分配：

公司价值=负债的价值+其他资本索取权的价值+普通股权益的价值

公司价值又分为三个部分：第一部分是负债的价值；第二部分是其他资本索取权的价值，比如公司的优先股等；第三部分是普通股权益的价值，即股东所享有的价值。

估值的基本思路

估值到底"估"的是什么呢？对于股权投资者，估值就是估计普通股权益的价值。要估计普通股权益的价值,有两种思路:一种思路是直接估计普通股权益的价值;另一种思路是先估计公司的整体价值,再减去负债和其他资本索取权的价值,剩余部分就是普通股权益的价值。

估值的方法通常有两种。第一种是**现金流贴现法**,它根据公司权益投资人或普通股权益投资人应该如何享有公司价值来进行估值。例如,将公司在从创立起的整个生命周期内可能给股东创造的收益加总,^㊀就是股东权益的价值。如果估计的是公司的价值,就应该把公司未来可能创造的所有收益加总。^㊁具体的操作过程我们将会在后面的章节详细讨论。

第二种是**乘数法**,它是通过参照同类型公司的价值来评估目标公司的价值。例如,参照谷歌的股价来估计百度的股价,就是典型的乘数法的应用。

在这两种估值方法中,现金流贴现法相对复杂一些。它需要把公司未来可能创造的所有收益先估计出来,再通过专门的加总方法来进行估值。乘数法看起来比较简单,但在实际应用中也有很多约束。接下来,我们将从最基本的概念开始,先介绍现金流贴现法,再介绍乘数法。

㊀ 实际计算时,需要将不同时期的收益折算成当前的价值进行加总。此处仅介绍估值方法的基本逻辑,暂不涉及贴现。

㊁ 同上。

1.2
今天的一元钱不等于明天的一元钱：贴现

"现金流贴现法"为什么叫这个名字呢？"贴现"又是什么意思呢？要解释清楚这个问题，我们先来了解另一个概念——**资金的时间价值**。

资金的时间价值与贴现的概念

所谓资金的时间价值，简单来说就是"今天的一元钱不等于明天的一元钱"。同样是一元钱，今天拿到和明天拿到，它的真实价值是不一样的。因为当今天拿到这一元钱时，是可以用它进行投资的，等到明天，会获得一定的投资收益。加上这个投资收益之后，它就不止一元钱了。越早获得的一元钱，可以产生越多的收益，因而比晚获得的那一元钱更值钱。

因此，在不同时间获得的钱不能简单地相加。它们虽然票面价值一样，但是真实价值是不同的。我们要想把在不同时间点上获得的钱加在一起，就必须把它们折算成同一个时间点上的钱。通常我们把它们折算成现在的钱。这个**把未来的钱都折算成现在的钱的过程，就叫作贴现**。

1年期的贴现

比如,我今天获得了 100 元,可以拿它去做各种各样的投资,当然最简单的是把它存到银行,存到银行的收益是比较低的,我也可以把它投到其他收益更高的项目上去,比如购买各种资产。假设这 100 元可以在一年的时间里给我带来 10% 的收益,那么到了明年的今天,这 100 元就变成了 110 元。

$$100+100 \times 10\% = 100 \times (1+10\%) = 110（元）$$

因此可以看出,明年的 110 元其实和今年的 100 元在真实的价值上是相等的。换句话,明年的 110 元的现值(折算成现在的价值)是 100 元。

$$\frac{110}{1+10\%} = 100（元）$$

假设我们按年来计算,通常会选择一个固定的时间点,比如年末的最后一天作为这一年的时间点。假设今天是本年(通常我们管它叫"第 0 年")的最后一天,到了明年(即"第 1 年")的最后一天,我会有 E 元钱,那么它的现值(折算成今天的价值,见图 1-2)就是:

$$现值 = \frac{E}{1+r}$$

图1-2　1年期的现值

这里的 r 就是一年中我们的正常收益水平，又称**贴现率**。以上就是一个贴现的过程。

2年期的贴现

如果时间变成两年，比如今天的 100 元，两年之后会变成多少呢？假设每一年都能够获得 10% 的收益，这 100 元到明年可以获得 10%（即 10 元）的收益，今年的 100 元到明年就变成了 110 元。其中既包括了最初的本金 100 元，也包括了后来获得的 10 元的收益。接下来的一年可以继续获得 10% 的收益，那么后年的今天，这 110 元就变成了：

$$110 \times (1+10\%) = 100 \times (1+10\%)^2 = 121（元）$$

由此，后年的 121 元贴现到今天，就是：

$$\frac{121}{(1+10\%)^2} = 100（元）$$

也就是说，如果在后年的最后一天获得 E 元的话，它的现值（见图 1-3）就是：

$$现值 = \frac{E}{(1+r)^2}$$

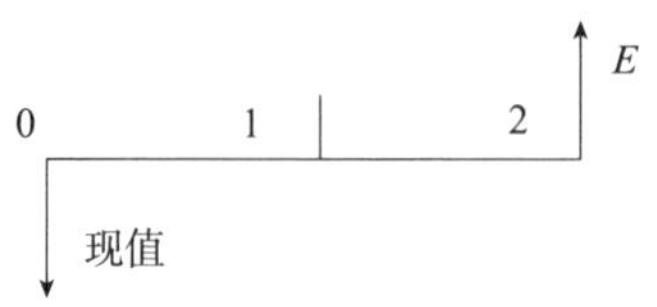

图1-3　2年期的现值

贴现公式

依此类推,如果今天是第 0 年的最后一天,再过 t 年之后(t=1,2,3,…),在 t 年的最后一天,我有 E 元钱,它的现值(见图 1-4)就是:

$$现值=\frac{E}{(1+r)^t}$$

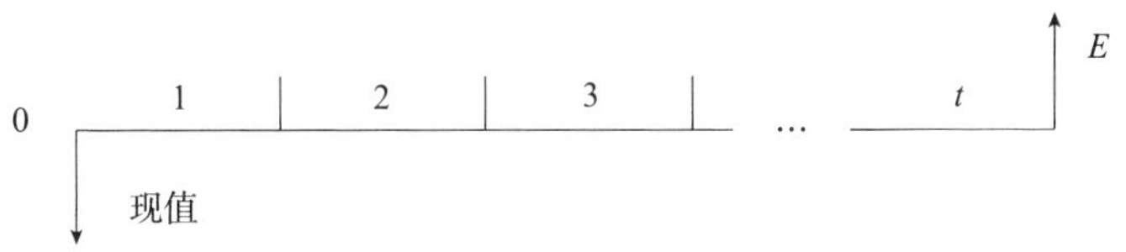

```
0    1    2    3    ...    t    ↑E
↓
现值
```

图1-4　多年期的现值

以上这个换算过程就叫作贴现。它的基本概念就是,把未来的钱换算成今天等值的钱的过程。

1.3
当你拥有"生金蛋的鹅":永续年金

现金流贴现法是将未来每一年的收益进行贴现,即换算成今天的钱,再进行加总。这个过程还有一些复杂之处,比如,我们如何估计未来每一年的收益呢?

假设未来收益恒定不变,企业价值是多少

假设一家企业每一年的收益都是在当年的最后一天获得的,每一年都可以获得 E 元的收益。如果现在是第 0 年,未来第 t 年(t=1,2,3,…)的收益的现值是:

$$现值 = \frac{E}{(1+r)^t}$$

$$第1年的收益现值 = \frac{E}{1+r}$$

$$第2年的收益现值 = \frac{E}{(1+r)^2}$$

$$第3年的收益现值=\frac{E}{(1+r)^3}$$

$$第4年的收益现值=\frac{E}{(1+r)^4}$$

$$第5年的收益现值=\frac{E}{(1+r)^5}$$

……

这家企业的整体价值就应该是它每一年的收益现值之和。我们把上面所有的数全都加在一起，如图 1-5 所示，就得到以下式子：

$$企业的价值=\frac{E}{1+r}+\frac{E}{(1+r)^2}+\frac{E}{(1+r)^3}+\frac{E}{(1+r)^4}+\frac{E}{(1+r)^5}+\cdots$$

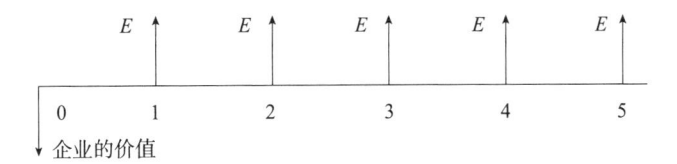

图1-5　未来每年收益相等

上面这个式子是一个等比数列的和，我们通过一些数学运算，可以得到如下这个简单的公式：

$$企业的价值=\frac{E}{r}$$

［例 1-1］假设一家企业每年都可以获得 100 元的收益，贴现率是 10%。这个贴现率的意思是，这家企业每一年所获得的 100 元的收益，都可以继续在下一年获得 10% 的收益。这家企业的价值就是：

$$企业的价值 = \frac{100}{10\%} = 1\,000（元）$$

假设未来收益稳定增长，企业价值是多少

事实上，一家企业未必每年的收益都完全相等，企业可能有增长，也可能有衰退。假设一家企业保持稳定的增长率，每年获得的收益都以 g 的速度增长，这个 g 可以是正数，也可以是负数。如果它的业务在未来是一个越来越萎缩的状态，它的收益今年是 100 元，明年可能就变成 90 元了，这时 g 就是一个负数。当然，在成长型企业中，这个 g 通常是正数，比如，今年收益是 100 元，明年变成 110 元或者 120 元。假设企业每年获得的收益都以 g 的速度在增长，它第 0 年的收益是 E，那么：

$$第1年的收益 = E \times (1+g)$$
$$第2年的收益 = E \times (1+g)^2$$
$$第3年的收益 = E \times (1+g)^3$$
$$……$$

现在，我们分别对每一年的收益进行贴现。很显然，第 0 年的收益仍然是 E，之后各年收益的贴现值为：

$$第1年收益的贴现值 = \frac{E \times (1+g)}{1+r}$$

$$第2年收益的贴现值 = \frac{E \times (1+g)^2}{(1+r)^2}$$

$$第3年收益的贴现值 = \frac{E \times (1+g)^3}{(1+r)^3}$$

……

企业的价值就是把它每一年收益的贴现值都加在一起。我们上面只列了3年，可能还有第4年、第5年……甚至到无穷远（见图1-6），因为我们假设这家企业的寿命是无限的。这里同样是一个等比数列的和，我们不讨论它的推导过程，相加的结果比刚才的要复杂一点：

$$企业的价值 = \frac{E}{r-g}$$

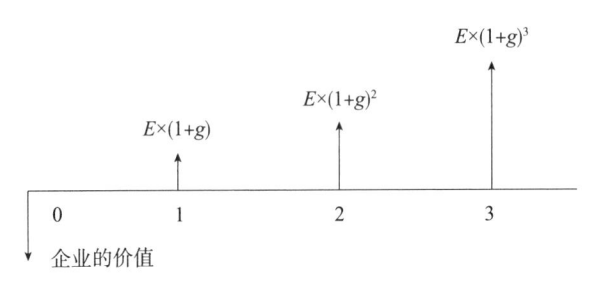

图1-6　未来收益稳定增长

［例1-2］假设一家企业今年获得的收益是100元，以后每年的收益都以5%的速度增长，每一年的收益都可以在下一年获得10%的收益，即贴现率是10%。这时，企业的价值就为：

$$企业的价值 = \frac{100}{10\% - 5\%} = 2\,000（元）$$

如果企业未来收益的持续期是无限的，没有终止时间，每年的收益就叫作**永续年金**。只不过在第一种情况之下，永续年金是没有增长的，而在第二种情况之下，永续年金以一个固定的速度增长。当某家企业的收益满足永续年金的要求，其最后的和的形式会变得比较简单。

事实上，我们在估值时通常会假设，企业未来收益在某个时间点之后，会保持永续年金的形式。

1.4
什么样的投资才算值：贴现率

大家是否注意到，在前两节中我们一直在假设贴现率，比如之前常用的10%，而现实中的贴现率又该如何确定呢？

贴现率的概念

贴现率是指今天拿到的钱在未来的一年中将获得怎样的收益。换句话说，也就是一家企业的投资人投入资金之后可以获得的年化收益水平。**对于一家企业来说，它有两种投资人：第一种是债权人，第二种是股东**。接下来，我们分别分析这两种投资人把钱投入公司之后，在正常情况下应该获得怎样的收益（见图1-7），我们称其为**预期收益**，或者要求的回报率。

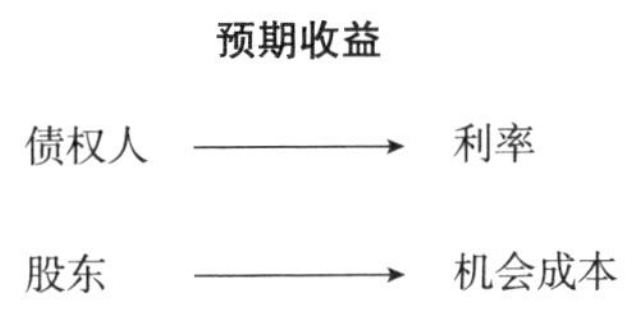

预期收益

债权人 ——→ 利率

股东 ——→ 机会成本

图1-7 企业的两种投资人的预期收益

债权人的预期收益

首先我们来看债权人,他的要求是比较简单的。债权人在把钱借给公司的时候,双方就达成了一个协议,即债权人在未来的一段时间内可以获得固定的收益,也就是利息。因此,**债权人预期公司给他的收益水平,就是他事先与这家公司约定好的利率**。

股东的预期收益

对于股东,这件事就复杂一些。我们先来想一想股东投资是一个怎样的过程。对于股东来说,世界上有很多的投资机会,他选择了投资其中的某家公司,自然就放弃了把这笔钱在同一时间投到其他公司的机会。这时,股东就面临着一个成本,叫作**机会成本**。机会成本是指投资人选择了某个机会,就必然放弃了其他机会,**投资人在其他机会上可以获得的"最优"收益,就是选择这一机会的机会成本**。

我们做任何事情都要求收益大于成本,或者至少不低于成本。股东承担了机会成本,他就会要求公司给予回报。在日常生活中,我们常常看到这样的例子,有A、B、C三家公司可供你投资,你选择了其中的一家,比如A公司,一年之后,是不是只要赚钱了,你就会高兴呢?恐怕不是,你会看这三家公司分别获得了多少收益。

如果A公司在一年的时间里给你带来了10%的回报,而投资B公司可以挣8%,投资C公司可以挣6%,你当然会非常高兴,因为你选了其中最赚钱的那家。

但如果你发现投资B公司可以挣12%,投资C公司可以挣15%(见

表 1-1），这时候你可能就会后悔不迭：哎呀！当时我为什么不选 C 公司呢？

表1-1 最佳选择与机会成本

	A公司	B公司	C公司
情况1	10% （最佳选择）	8%	6%
情况2	10%	12%	15% （最佳选择）

这就是机会成本的体现。当你选择了 A 公司这个投资机会，自然就放弃了 B 公司和 C 公司这两个机会，你在 B 公司和 C 公司的最佳选择中能够赚到的钱就是你选 A 公司所承担的机会成本。你要求 A 公司给你带来的收益，要高于你所承担的机会成本。换句话说，只有当 A 公司是这三个中最赚钱的那个，你才会觉得自己成功了。

由此，股东要求公司给他的回报应不低于他所承担的机会成本。这里有一个问题，就是股东要求的回报，公司能不能不给？

我们知道，股东是不能撤资的。也就是说，公司对股东永远不用还本，也不用支付利息。同时，几乎没有哪个国家规定公司必须给股东分红。公司对股东既不用还本，也不用支付利息，同时还可以不分红，那么如果股东要求公司给他回报，公司是否可以不给呢？事实上是不行的。因为在市场环境下，一家公司的管理层如果不能给股东提供回报，就没有市场价值。股东可以把他们开掉，然后换一批能够给股东提供回报的职业经理人。

另外，公司给股东回报，是否一定要以分红或者支付利息的方式呢？当然不一定。大家都知道巴菲特，他的公司伯克希尔－哈撒韦是非常成功的。在他买下这家公司时，公司的每股股价是 19.48 美元，截至 2024 年 11 月 13 日，每股股价在过去 52 周的最高值是 74 万美元，50 多年涨了 3 万多倍。即使这家公司不分红，它的股东仍然以持有它的股票为荣，他们已经在这项投资中获得了丰厚的回报。

因此，我们不能因为公司不给股东分红，就认为公司是可以不给股东回报的。事实上，它可以通过其他形式来给股东回报。股东要求公司给予的回报，就是股东预期在公司获得的收益，换个角度来看，这也是公司使用股东的钱所要承担的成本。

这两个概念其实是一回事：**投资人的预期收益，就是被投资企业的资本成本**。

股东要求的回报，不应低于股东所承担的机会成本。这个机会成本，就是股东不投这家公司而把钱投到其他公司可以获得的收益。那么，这个"其他公司"应该是一家什么样的公司呢？

社会上的公司各种各样，有收益高的，也有收益低的。如果股东都要求自己所投资的公司收益最高，当然是不现实的。因为不同行业的风险水平不同，有的行业风险高，有的行业风险低，而风险与收益永远相伴相随。当没有承担更高风险的时候，我们也不可能要求更高的收益。因此，我们说的那些其他投资机会，应该是与我们投资的这家企业的风险水平相当的其他公司。通常，同一国家内同一行业的公司，风险最为接近。股东要求的回报应该是，投资同行业的其他公司的回报水平。同一行业中的不同公司盈利水平也有高有低，用平均水平来当标准最为合适，即可以认为行业平均盈利水平是股东要求的回报水平。我们称该水平为股东的预期收益或者要求的回报率，即**权益资本成本**，也就是对股东的回报进行贴现的贴现率。

债权人和股东的综合预期收益

一家公司会有两种投资人——债权人和股东，公司同时用了这两种投资人的钱，它的资本成本该如何计算呢？换一个角度说就是，这两种投资人的综合预期收益是多少呢？我们可以采用加权平均法来进行计算。比如，公司有40%的资金来自债权人，贷款利率是6%；有60%的资金来自股东，假设行业平均盈利水平是12%，那么加权平均得到：

$$40\% \times 6\% + 60\% \times 12\% = 9.6\%$$

因为它是加权平均得到的，所以我们把它叫作**加权平均资本成本**（Weighted Average Cost of Capital，WACC）。这个加权平均资本成本是公司使用这两种资金的综合资本成本，也就是**债权人和股东的综合预期收益水平**。上述加权平均资本成本在计算的过程中省略了一个小因素，所以不够准确。我们举个例子来说明一下。

［例1-3］假设有两家公司，一家公司（A有限公司）没有从银行借钱，它在付利息和交税前（简称息税前）能挣100元，公司的所得税税率是25%，应该交25元的税，交完税之后，净利润是75元。另

外一家公司（B有限公司）和A有限公司一样也在息税前挣了100元，但它从银行贷了款，需要给银行20元的利息，付完利息之后，它的税前利润只有80元。这80元，按25%的税率，只需要交20元的所得税，交完税之后，这家公司的净利润为60元（见表1-2）。

表1-2　有贷款与无贷款公司的净利润　　　　（单位：元）

A有限公司（无贷款）		B有限公司（有贷款）	
息税前利润	100	息税前利润	100
		−贷款利息	20
−所得税费用（税率25%）	25	=税前利润	80
		−所得税费用（税率25%）	20
净利润：75		净利润：60	

从表1-2可以看出，B有限公司比A有限公司明明多付了20元的利息，但是它的利润却没有减少20元，而只减少了15元，它多出的5元其实是因为少交了5元的税。B有限公司确实是付给了银行20元的利息，但实际上只承担了其中15元的成本，即企业承担了20×75%=15（元）。

由上面的例子可知，当某家公司从银行贷款的利率是6%时，它的真实成本是低于这个数的，实际上它承担的成本是：6%×（1−所得税税率）。因此，加权平均资本成本的完整计算公式为：

加权平均资本成本=债务融资比例×债务融资成本×（1−所得税税率）+股权融资比例×权益资本成本

我们在估值中使用的贴现率其实就是预期收益，也叫作要求的回报率或者公司的资本成本。对某家公司进行估值的时候，**如果要估计公司的整体价值，贴现率就应该使用公司整体的资本成本，即加权平均资本成本；如果要估计普通股权益的价值，这个贴现率就应该是股东的预期收益，即权益资本成本**。

我们可以用这家公司所在行业的平均盈利水平来作为其权益资本成本。可能有人会问："去哪儿找行业平均盈利水平数据呢？"这确实是一个现实的问题。通常有两种方法：一种是有一些专业的行业研究机构会提供关于行业的一些数据，当然是要收费的。还有一种退而求其次的方法，几乎每个行业都会有上市公司，我们可以用该行业的上市公司的平均盈利水平作为这个行业的平均盈利水平。这个结果可能会比真实的全行业平均盈利水平高一些，因为通常来说，上市公司可能是这个行业中相对比较好的企业。这个数据虽然不够准确，但是也可以接受。

确定权益资本成本还有其他方法，我们会在下一节向大家介绍。

1.5
高风险、高回报：资本资产定价模型

在本节中，我们再来学习另一种确定权益资本成本的方法——**资本资产定价模型**（Capital Asset Pricing Model，CAPM）。

模型的公式

资本资产定价模型是一个非常著名的模型，由诺贝尔经济学奖获得者威廉·夏普等人提出，被广泛运用于投资决策和公司理财领域。那么它的基本形式是什么样的呢？有哪些基本的结论？又有哪些具体的应用呢？我们来看看它的基本形式：

$$E(R_e) = R_f + \beta \times (R_m - R_f)$$

式中，$E(R_e)$ 表示的是权益资本成本的期望值，也就是股东要求的收益水平或股东的预期收益水平。

R_f 是无风险收益率，指的是在没有任何风险的时候所能获得的基本的收益水平。我们通常用短期国债利率来衡量无风险收益率。需要明确的是，无风险收益率在不同时期可能不同，因为它与不同时期整个国家的利率水平密切相关。

R_m 是股票市场的整体收益率，即市场组合的收益率，通常我们可以用一段时间内的股票市场指数来计算得到。比如，假设在一年的时间中，股票市场指数从年初的 2 000 点涨到年末的 3 000 点，上涨了50%，那么本年度股票市场的整体收益率 R_m 就是50%。

实际上，考虑到市场组合应该包含哪些公司，它们是否分红、是否再投资等情形，这个指数的计算过程比较复杂，但大家可以通过一些数据库找到已经计算好的每天、每周、每月甚至每年的股票市场的整体收益率。我们常用的数据库有国泰安 CSMAR 数据库（通常为学术界提供数据）和万得（Wind）数据库（在实务界应用很广泛）。

R_m-R_f 是股票市场的整体收益率和无风险收益率的差，通常被称为风险溢价。众所周知，股票市场本身是有风险的。股票市场的整体收益率和无风险收益率的差值就是风险所带来的超额收益，因此，R_m-R_f 是对承担额外风险的收益补偿。

β 表示的是 β 系数，反映的是公司个股与整个股票市场的相关性。其经济含义是股票市场的整体收益变化1%的时候，公司个股的股价会变动多少，我们一般称之为系统风险，即不能被多元化的投资抵消掉的风险。比如，当市场上涨1%的时候，公司个股上涨1.5%，此时 β 就是1.5。通常，我们也可以从数据库中获得每个公司的 β 值。

风险与收益的关系

公司的风险可以分成两个部分：个体风险和系统风险。比如同一个信息发布后，有的公司股价可能会上涨，有的公司股价可能会下跌，这就属于公司的个体风险。公司的个体风险可以通过构建股票投资组合来抵消，比如买多少这个股票，卖多少那个股票。而系统风险是无论我们如何组合都不能抵消的风险，因为它与整个市场的风险相关。因此，对于股东来说，个体风险可以通过多元化的投资进行抵消，不要求以额外的回报作为补偿；而系统风险由于无法抵消，是要求额外回报的。

从CAPM中，我们可以看出风险和收益永远是相伴相随的，高风险要求高收益，而且这个风险是系统风险，不是个体风险。那么如何用CAPM来计算权益资本成本呢？

[例1-4] 已知三个月期的国债年化收益率是4%，即无风险收益率R_f为4%。假设A公司的β系数是1.5，就是当市场上涨1%的时候，公司个股上涨1.5%。整个市场的年收益率水平R_m是10%，此时风险溢价就是：

$$R_m - R_f = 10\% - 4\% = 6\%$$

这表示由于承担市场风险所带来的收益提升是6%，公司个体风险比市场风险更高，因此需要更高的风险补偿，即$\beta \times (R_m - R_f) = 1.5 \times 6\% = 9\%$。A公司的权益资本成本就是：

$$E(R_e) = R_f + \beta \times (R_m - R_f) = 4\% + 9\% = 13\%$$

CAPM 只是从某个角度来衡量股东所要求的回报率，所以很难说就一定比我们之前介绍的比较简单的用行业平均盈利水平来作为权益资本成本的方法更好。对于 CAPM，重要的是理解其经济含义，即承担高风险是获得高收益的唯一途径，而且只有系统风险被补偿，个体风险不被补偿，因为股票投资者可以通过买卖不同的股票来抵消个体风险。

CAPM 在具体应用的时候，需要三个基本的数据，第一个是无风险收益率 R_f，第二个是股票市场的整体收益率 R_m，第三个就是公司个股的 β 系数。其中，R_m 和 β 通常都可以通过查阅数据库得到，无风险收益率 R_f 可以采用短期国债利率。需要注意的是，所用到的这些收益率，我们都是换算成年化收益率再进行计算的。

我们已经对估值过程中用到的贴现率有了基本的了解。我们估计不同的价值要使用不同的贴现率。比如，估计权益的价值，应当使用权益资本成本；估计整个企业的价值，应当使用加权平均资本成本，即将对权益资本成本和债务资本成本进行加权平均得到的资本成本作为贴现率。在对估值的基本概念和逻辑有了大致的了解之后，我们接下来会介绍估值的每一个步骤。

估值的两种常见方法

第一种是现金流贴现法，是通过将未来可能创造的所有收益折算成当前的价值并加总来进行估值的。

第二种是乘数法，通过参照同类型公司的价值来评估目标公司的价值。

资金的时间价值

资金的时间价值可以简单概括为"今天的1元钱比明天的1元钱更值钱"。这不意味着时间赋予了资金额外的价值，而是时间给了资金进行投资而获得额外收益的机会。

资金之所以具有时间价值，不仅与投资获得的收益有关，还与风险有关。今天拿到的1元钱比明天拿到的1元钱风险更小。

现值

现值就是指未来时间点的现金在当前的价值。计算公式为：

$$现值 = \frac{E}{(1+r)^t}$$

永续年金

如果企业未来收益的持续期是无限的，没有终止时间，每年的收益就叫作永续年金。

保持不变的永续年金的贴现

假设从第 1 年末开始，未来的收益始终为 E，永续年金的现值为：

$$现值 = \frac{E}{1+r} + \frac{E}{(1+r)^2} + \frac{E}{(1+r)^3} + \frac{E}{(1+r)^4} + \frac{E}{(1+r)^5} + \cdots$$

$$= \frac{E}{r}$$

保持稳定增长的永续年金的贴现

假设第 0 年的收益为 E，未来的收益每年以 g 的速度增长，此时永续年金的现值为：

$$现值 = \frac{E \times (1+g)}{1+r} + \frac{E \times (1+g)^2}{(1+r)^2} + \frac{E \times (1+g)^3}{(1+r)^3} + \cdots$$

$$= \frac{E}{r-g}$$

机会成本

机会成本是指投资人选择了某个机会,就必然放弃了其他机会,投资人在其他投资机会上可以获得的"最优"收益,就是选择这一机会的机会成本。

加权平均资本成本

企业的资产来自债权人和股东,企业的资本成本就是债权人和股东的期望收益率的加权平均值。计算公式为:

加权平均资本成本=债务融资比例×债务融资成本×(1-所得税税率)+股权融资比例×权益资本成本

资本资产定价模型

资本资产定价模型是关于风险和收益的模型。它的经济含义是,承担高风险是获得高收益的唯一途径。计算公式为:

$$E(R_e) = R_f + \beta \times (R_m - R_f)$$

式中,$E(R_e)$表示的是权益资本成本的期望值;R_f是无风险收益率;R_m是股票市场的整体收益率;$R_m - R_f$是风险溢价,即股票市场的整体收益率与无风险收益率的差;β系数反映的是公司个股与整个股票市场的相关性。

| 第 2 章 |

预测报表

2.1 对未来经营做预演：预测报表的流程

通过第 1 章的介绍，我们了解了估值的基本概念：估值是估计公司的价值或者普通股权益的价值。估值的方法有两种，一种是现金流贴现法，即把未来的收益贴现后加总；另一种是乘数法。

当我们使用现金流贴现法时，不仅需要知道**贴现率**，还需要知道**未来的收益**。我们已经在第 1 章解决了贴现率的求取问题，那么未来的收益又该如何确定呢？在当下的时间点，我们无法确切了解未来的实际收益，但我们可以对它进行合理的预测，预测报表就是一种常用的方法。

表 2-1 展示了预测报表的基本流程，包含 6 个步骤。通过这 6 个步骤，我们可以完成对资产负债表、利润表和现金流量表的预测。

表2-1 预测报表的流程

利润表	资产负债表	
步骤1 营业收入	**步骤5.6** 货币资金	**步骤4、步骤5.5、步骤5.6** 短期借款等融资性流动负债
步骤2 营业成本 税金及附加 销售费用 管理费用 研发费用	**步骤3** 经营性流动资产 固定资产 在建工程 无形资产	**步骤4、步骤5.5** 经营性流动负债 长期负债 股本 资本公积
步骤5.1、步骤5.5 财务费用	**步骤5.2** 长期股权投资	**步骤5.4、步骤5.5** 盈余公积 未分配利润
步骤5.3、步骤5.5 投资收益 营业外收支 所得税费用 净利润		
步骤6 现金流量表		

步骤1和步骤2

步骤1是预测营业收入。步骤2是预测与经营活动相关的成本费用，主要包括营业成本、税金及附加、销售费用、管理费用、研发费用。

步骤1和步骤2预测的都是利润表的重要组成项目，但不是利润表的全部，而是其中与经营活动相关的部分。

步骤3

步骤3不是预测利润表的后半部分,而是转向预测资产负债表项目。这一步也不是预测表中的所有内容,而是只预测经营性资产,主要包括经营性流动资产、固定资产、在建工程以及无形资产。这些项目有一个共同的特点,就是都与经营活动相关。虽然固定资产、在建工程和无形资产都是因投资形成的,但这些投资都是为了满足公司的经营需要,是与外部股权投资完全不同的概念。所以,步骤3是预测与经营活动相关的资产项目。

步骤4

步骤4没有继续对资产负债表左边的其他资产项目进行预测,而是转向了资产负债表的右边,对负债项目和部分权益项目进行预测,主要包括短期借款等融资性流动负债、经营性及其他流动负债 ⊖、长期负债、股本和资本公积。需要注意的是,在这一步骤中,我们并没有预测盈余公积和未分配利润,这两个项目将在之后的步骤中预测。

报表的预测流程是模拟一家公司正常的经营过程。 对于公司来说,营业收入是企业和市场互动的最直接的结果。公司要达到怎样的营业收入水平,一方面取决于公司自身的战略决策,另一方面也深受市场影响。有时可能市场很大,但公司决定只占一个比较小的份额;有时公司可能希望扩大自己的营业收入规模,但因为市场竞争带来了巨大的阻力而无法实现。所以营业收入的预测是估计公司与市场互动的结果。

⊖ 主要是经营性流动负债,为简化表述,在本章中统称为"经营性流动负债"。

当我们对未来的业务规模有了一定的规划，也就是确定了公司的预期收入，就需要对步骤2、步骤3、步骤4中的项目进行投入。比如，付出相应的成本和费用，进行投资，增加资产，来确保营业收入规模的实现。这些投入所需的资金就来源于资产负债表右边的短期借款等融资性流动负债、经营性流动负债、长期负债、股本和资本公积，就是步骤4预测的内容。

步骤5

公司运营有三件大事：经营、投资和融资。它们就像三个紧密咬合的齿轮一样驱动着公司前进。前4个步骤预测的是公司运营的第一个齿轮，即经营活动。接下来要预测的是第二个齿轮，即投资活动。不过，由于在步骤4中存在一些融资行为，所以在步骤5的开始，我们首先预测财务费用（见表2-1的步骤5.1），然后再预测与投资活动相关的项目。

这里的投资活动指的是公司对外的股权投资，即长期股权投资（见表2-1的步骤5.2），而非为了满足经营需要所进行的固定资产、在建工程或无形资产方面的投资。长期股权投资同样也由公司的战略规划决定。考虑到长期股权投资会产生收益，就需要对利润表中的投资收益进行预测。接下来，预测利润表中的其他项目，如营业外收支、所得税费用、净利润等（见表2-1的步骤5.3）。

在预测完净利润之后，我们转向资产负债表的右边，预测提取的盈余公积（及分红的金额），最终得到未分配利润（见表2-1的步骤5.4）。

至此，我们已经完成了对利润表和资产负债表的预测，⊖但此时我们预测所得的资产负债表通常不太可能满足会计恒等式"资产＝负债＋所有者权益"的要求。所以在进入步骤6之前，我们还要完成一个小步骤，即调平资产负债表，让"资产＝负债＋所有者权益"。

我们通过调整货币资金或者短期借款等融资性流动负债这两个项目来实现资产负债表的平衡（见表2-1的步骤5.6）。如果资产负债表左边比右边的数值大，就意味着需要的资金并没有完全通过融资获得，此时应该增加融资，也就是增加短期借款等融资性流动负债；如果资产负债表右边比左边的数值大，就意味着出现了资金的盈余，此时应该增加货币资金。调平资产负债表也是在模拟企业正常的经营过程。

步骤6

步骤6是预测现金流量表。需要特别说明的是，预测现金流量表必须基于前面预测的利润表和资产负债表，由前述预测的项目推导出现金流量表项目，否则预测结果会与之前所预测的利润表和资产负债表结果不匹配。

上述六个步骤便是报表预测的基本流程。其中有**两大预测难题：一是营业收入的预测，二是长期股权投资的预测**。接下来，我们分步骤来介绍具体的预测方法，以及如何应对这两大难题。

⊖ 表2-1中的步骤5.5将在后文详细介绍，此处省略是为了方便读者快速了解预测的基本流程。

2.2 经营活动的预测

公司运营有三件大事：经营、投资和融资。公司的经营活动和投资活动都需要有资金才能进行，而资金往往通过融资活动来获得。接下来，我们介绍如何预测经营活动及融资活动（见表2-1的步骤1~4）。

步骤1：营业收入的预测

经营活动预测的起点是营业收入预测。**公司的营业收入能够实现多大的规模，一方面取决于公司自身的战略规划，另一方面取决于市场竞争到底给公司留下了多大的营业收入空间**。因此，这个预测其实是一个相当复杂的过程，它不太依赖于技术分析，更多地依赖于经验判断、对行业的了解、对企业战略的理解，更像一门艺术。我们在此用一个简单的处理方法，就是假设营业收入会按固定比例增长。如果去年的营业收入是1亿元，增长率保持在10%，那么今年的营业收入就是1.1亿元，明年的营业收入将是1.21亿元。在后面的章节中，我们会更详细地介绍营业收入的预测流程。

步骤2：与经营活动相关的成本费用的预测

步骤 2 是预测利润表中与经营活动相关的成本费用。企业在持续经营的过程中，其成本费用占收入的比重是相对稳定的。因此，我们进行预测就比较简单了，可以根据上一年或者过去几年中成本和费用占收入的比重均值，来预测企业未来的成本和费用。

［例 2-1］B 企业上一年的营业成本占营业收入的 75%，销售费用、管理费用和研发费用分别占营业收入的 5%，我们预计这些比例关系会延续到未来的一年，已知预计未来一年的营业收入是 1 000 万元，那么预测的营业成本为：

$$1\ 000 \times 75\% = 750（万元）$$

预测的销售费用、管理费用和研发费用均为：

$$1\ 000 \times 5\% = 50（万元）$$

步骤3：经营性资产的预测

步骤 3 是对资产负债表左边与经营活动相关的资产进行预测，主要包括经营性流动资产、固定资产、在建工程和无形资产。**预测的逻辑是，假设这些资产项目和营业收入之间的关系保持稳定，即各种财务比率保持稳定，从预期营业收入推导出资产金额。**

具体来看，资产周转率反映了营业收入与资产的比例关系，它意味着如果要实现预期的营业收入，企业需要投入多大规模的资产来支撑。我们不仅可以据此预测企业未来资产的总体规模，还可以预测不同资产的规模。在具体操作上，我们首先根据历史水平计算出营业收入与经营活动相关的各单项资产的比例，也就是各单项资产的周转率；再假设各单项资产的周转率会延续到未来一年；最后用已预测的未来一年的营业收入数额除以各单项资产的周转率，得出未来一年各单项资产的规模。

$$单项资产的周转率 = \frac{历史营业收入}{单项资产的历史金额}$$

$$单项资产的预期金额 = \frac{预期营业收入}{单项资产的周转率}$$

步骤4：融资活动的预测

企业的资产在不同年份可能会发生变化。资产的增加，需要企业通过一定途径来满足它们对资金的需求。因此，步骤4转向了资产负债表的右边，对融资活动进行预测。但步骤4有一些复杂，因为当一家企业的营业收入规模增加时，采购需求也会增加；采购需求增加了，赊购数额就可能增加，那么就会增加应付账款；如果企业还存在预收款业务，预收款项的规模也可能会增加。应付账款、预收款项都属于经营性流动负债，它们可以解决一部分资金需求，而企业真正需要通过融资活动来解决的是除此之外的资金需求。所以，**步骤4又可以细分为两个子步骤：①预测经营性流动负债**，包括应付账款、预收款项、应付职工薪酬、应交税费等；**②预测除经营性流动负债之外的资金需求**。

由于经营性流动负债与公司的业务规模相关，因此我们可以参照资产周转率，引入负债周转率。资产周转率是营业收入与资产的比例，负债周转率是营业收入或成本与负债的比例。在具体操作上，我们首先根据历史水平计算出营业收入或成本与各单项经营性流动负债之间的比例，也就是各单项经营性流动负债的周转率；然后假设这样的比例关系会延续到未来一年；最后用已预测的未来一年的营业收入或成本数额除以各单项经营性流动负债的周转率，得出未来一年各单项经营性流动负债的规模。

$$单项经营性流动负债的周转率=\frac{历史营业收入（或成本）}{单项经营性流动负债的历史金额}$$

$$单项经营性流动负债的预期金额=\frac{预期营业收入（或成本）}{单项经营性流动负债的周转率}$$

一般情况下，资产的增加所需要的资金总额减去由经营活动扩张自然带来的流动负债后的剩余部分，才需要公司通过融资活动来筹集。我们假设，公司过去的融资结构会延续到未来。这意味着：公司目前的资本结构（负债与总资产的比例）会延续到未来；在负债中，短期负债和长期负债的比例关系也同样会延续到未来。因此，企业未来的资金需求就可以按相应的比例在债务融资和股权融资之间进行分配，以及在短期负债和长期负债之间进行分配。

2.3 投资活动的预测

本节我们将介绍对公司投资活动（含部分融资活动）的预测（见表 2-1 的步骤 5.1～步骤 5.5）。企业的战略规划一方面包括期望达到的经营规模，另一方面包括计划进行的对外股权投资。步骤 5 便是对投资活动进行预测，这一步骤又分为 5 个子步骤：①预测财务费用；②预测长期股权投资；③预测利润表的剩余项目；④预测盈余公积和未分配利润；⑤融资活动的预测调整。

步骤5.1：预测财务费用

我们在步骤 4 中预测了融资活动的金额，其中的长期负债和短期负债会增加公司的财务费用，再加上公司原来已经有的财务费用，就可以得到步骤 5.1 中的财务费用。

步骤5.2：预测长期股权投资

接下来转向资产负债表左边的长期股权投资项目。长期股权投资的预测又是一大难点：公司的投资行为在很大程度上取决于公司的战略规划，只有详细了解了一家公司未来的战略规划和投资计划，才能较好地判断它可能做出的投资行为。在此我们进行简化处理，假设公司的投资每年会以一个固定的比例增加，比如：公司上一年的股权投资额是5 000万元，今年按照10%的比例增加，那么今年的股权投资额就是5 500万元。

步骤5.3：预测利润表的剩余项目

接下来我们对利润表的剩余项目进行预测。

投资收益分为两部分：一是公司已有的投资产生的收益，我们假设它们会延续过去的收益水平；二是新增的股权投资产生的收益。我们需要了解新增的股权投资是否在当年产生收益，如果在当年产生收益，那么以上两部分之和就是这一步骤中预测的投资收益。

营业外收支的重要特点是不具有持续性，它是因为一些偶然因素产生的，因此，我们对营业外收支的预测数额为零。

经过以上步骤，我们基本上就得到了预测的利润表的主体部分。用营业收入减去成本费用，再加上收益、减去亏损，就得到了利润总额。利润总额减去支付的所得税费用，就得到了净利润。

所得税费用如何预测呢？大家可能首先想到的就是直接按照公司的所得税税率去预测，比如25%。不过，这个25%并不是利润总额的25%，而是应纳税所得额的25%。这个应纳税所得额是根据国家税法计算得来的，我们没有办法根据公司的利润总额来推算。那该怎么办呢？其实我们可以根据公司历史上的所得税费用与利润总额计算出一个比例，这个比例通常称为实际税率：

$$实际税率=\frac{所得税费用}{利润总额}$$

假设这个实际税率会延续到未来，我们就可以通过利润总额乘以实际税率推算出所得税费用，用利润总额减去所得税费用，就得到了净利润。

步骤5.4：预测盈余公积和未分配利润

公司获得净利润后，首先要提取盈余公积。《公司法》规定，公司制企业按照净利润的10%提取法定公积金。公司法定公积金累计额为公司注册资本的50%以上的，可以不再提取。

其次，进行分红（发放现金股利）。由于预测公司的分红行为是一件比较困难的事情，所以我们在此简化处理：假设公司会延续过去几年的分红行为，比如延续上一年度的分红比例或者按过去几年分红金额的平均数分红。这样就可以预测公司下一年的分红金额。

净利润减去提取的盈余公积，再减去分红金额，剩余部分就是未分配利润。

步骤5.5：融资活动的预测调整

到目前为止，我们忽略了一件非常重要的事情：公司进行长期股权投资所需的资金必然要通过融资活动来提供。不同于经营活动中公司经营规模的扩张会自动增加经营性流动负债，从而满足了经营活动的一部分资金需求，长期股权投资的资金需求很难通过经营性流动负债的增加来满足，而完全依赖于公司的融资活动。所以，我们还需要对融资活动的预测做进一步的调整。假设公司会保持原来的资本结构（负债与总资产的比例），同时保持短期和长期借款之间的比例关系，以此来满足新增的长期股权投资的资金需求。增加了此部分外部融资之后，还会增加财务费用，进而影响利润表的净利润。净利润改变，盈余公积和未分配利润也会改变。步骤5.5除了预测短期借款等融资性流动负债，还要重复步骤4、步骤5.1、步骤5.3、步骤5.4的预测过程（见表2-2）。

表2-2 融资活动的预测调整

利润表	资产负债表	
步骤1 营业收入	步骤5.6 货币资金	步骤4、步骤5.5、步骤5.6 短期借款等融资性流动负债
步骤2 营业成本 税金及附加 销售费用 管理费用 研发费用	步骤3 经营性流动资产 固定资产 在建工程 无形资产	步骤4、步骤5.5 经营性流动负债 长期负债 股本 资本公积
步骤5.1、步骤5.5 财务费用	步骤5.2 长期股权投资	步骤5.4、步骤5.5 盈余公积 未分配利润
步骤5.3、步骤5.5 投资收益 营业外收支 所得税费用 净利润		
步骤6 现金流量表		

至此，我们对公司运营的第二个齿轮——投资活动的预测就结束了。

2.4
资金是富余还是短缺：调平资产负债表

经过 2.2 节和 2.3 节的预测步骤，我们基本上完成了对利润表和资产负债表的预测。但因为此时预测出的这张资产负债表不满足会计恒等式"资产＝负债＋所有者权益"，接下来我们就需要进入调平资产负债表这最后一个小步骤（见表 2-1 的步骤 5.6）。

操作方法

调平资产负债表的操作仍然是在模拟公司的正常经营。在经营过程中，如果公司资金富余，可以用富余的资金做短期投资；如果公司资金不足，则会通过短期借款等融资性流动负债来满足资金需求。因此，资产负债表不平衡就意味着公司在经营过程中出现了资金剩余或者资金短缺，需要通过调整货币资金或者短期借款等融资性流动负债来解决，使资产负债表平衡。

在具体操作上，如果我们经过之前的步骤预测出的资产负债表左边的资产比右边的负债与所有者权益之和多，就意味着目前的融资不能满足资金的需求，此时我们需要增加短期借款等融资性流动负债，来补足资金缺口。相反，如果所预测的资产负债表右边的负债与所有者权益之和比左边的资产多，就意味着融入的资金有富余，此时我们应该把它补充到货币资金中。虽然，我们看上去只是通过增加货币资金或者增加短期借款等融资性流动负债来调平资产负债表，但这并不是简单机械的数字上的调平，它背后有经营上的意义。

［例 2-2］假设我们完成了步骤 5.6 之前的所有预测流程，得出了表 2-3 中的数据。

表2-3 资产负债表（调平前） 单位：万元

项目	金额	项目	金额
资产		**负债**	
货币资金	94	短期借款等融资性流动负债	29
经营性流动资产	176	经营性流动负债	190
固定资产	60	长期负债	2
在建工程	4	**所有者权益（或股东权益）**	
无形资产	21	股本	60
长期股权投资	46	资本公积	16
		盈余公积	14

(续)

项目	金额	项目	金额
		未分配利润	128
资产总计	401	负债和所有者权益（或股东权益）总计	439

其中，左边的资产总计比右边的负债和所有者权益总计少了 38 万元，这说明融入的资金有富余，可以补充到货币资金中。此时应该增加货币资金 38 万元，使报表平衡。

注意事项

需要注意的是，调平的操作涉及货币资金和短期借款等融资性流动负债两个项目，而在前面的步骤中，我们已经对货币资金和短期借款等融资性流动负债进行了预测。之前预测的是公司在正常的经营和投资活动中需要的货币资金和短期借款等融资性流动负债的数额。这意味着，货币资金和短期借款等融资性流动负债的数额应当与收入规模有一个比较稳定的匹配关系，调平不过是在这个稳定水平之上进行的调整。

调平资产负债表时，如果调整了短期借款等融资性流动负债，势必会影响财务费用，进而影响净利润、盈余公积和未分配利润（见表 2-4）。这样一来，是不是意味着我们要再调一遍报表呢？

表2-4 调整短期借款等融资性流动负债的影响

利润表	资产负债表	
步骤1 营业收入	**步骤5.6** 货币资金	**步骤4、步骤5.5、步骤5.6** 短期借款等融资性流动负债
步骤2 营业成本 税金及附加 销售费用 管理费用 研发费用	**步骤3** 经营性流动资产 固定资产 在建工程 无形资产	**步骤4、步骤5.5** 经营性流动负债 长期负债 股本 资本公积
步骤5.1、步骤5.5 财务费用	**步骤5.2** 长期股权投资	**步骤5.4、步骤5.5** 盈余公积 未分配利润
步骤5.3、步骤5.5 投资收益 营业外收支 所得税费用 净利润		
	步骤6 现金流量表	

其实不然，预测本来就无法达到绝对的精确。我们在预测报表时，常常"精确"到万元或百万元的数量级，那么千元、百元和以下级别的金额差异就无关紧要了。因此，我们不需要反复调整财务费用、盈余公积、未分配利润等项目，也不需要反复调平资产负债表，通常做一轮就够了。至此，我们就完成了对利润表和资产负债表的预测。

2.5
盘一盘手头的真金白银：预测现金流量表

预测报表的最后一个步骤是预测现金流量表。现金流量表的预测不是一个孤立的过程，需要根据已预测的利润表和资产负债表来推导，否则就无法满足三张报表的匹配关系。这也是以间接法来编制现金流量表的思路。

以间接法编制的现金流量表又叫作**现金流量表的附表**。现金流量表包括三个部分：经营活动现金流、投资活动现金流和融资活动现金流。本章只针对经营活动现金流进行预测。也就是说，我们在步骤6预测现金流量表其实只预测它的第一个部分——经营活动现金流。

这张以间接法编制的现金流量表的基本结构如何呢？它以净利润为起点，以经营活动现金流为终点，在两者之间加上或减去某些项目。这些加上或者减去的项目就是导致净利润与经营活动现金流之间存在差异的因素。

净利润与经营活动现金流存在差异的原因

净利润与经营活动现金流为什么会存在差异呢？有两个原因。

第一个原因是净利润中不仅包含经营性净利润，还包括投资收益、营业外收支、财务费用等与经营活动无关的项目。因此，我们需要调整净利润中那些与经营活动无关的收入、费用、利得、损失，才能得到经营性净利润。

第二个原因是经营性净利润与经营活动现金流之间存在差异。这部分的差异又包括两类：一类是影响经营性净利润但不影响经营活动现金流的项目，另一类是影响经营活动现金流但不影响经营性净利润的项目（见图2-1）。

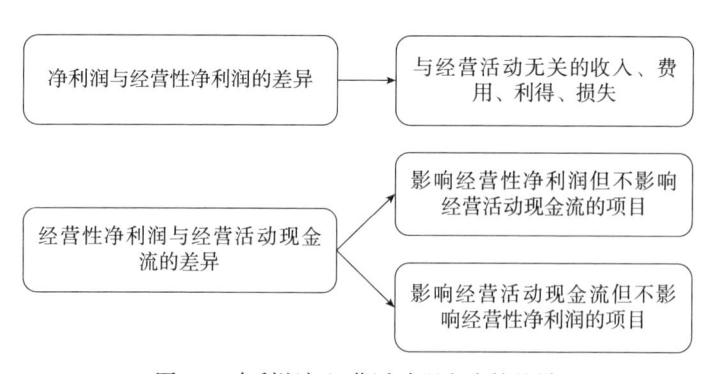

图2-1 净利润与经营活动现金流的差异

这些差异具体包括哪些项目，又该如何进行调整呢？接下来我会介绍将净利润调整为经营活动现金流的步骤，即以间接法编制现金流量表的步骤。

将净利润调整为经营活动现金流的步骤

将净利润调整为经营活动现金流（见表 2-5），第一步是将净利润调整为经营性净利润，即剔除净利润中那些不属于经营性净利润的项目，如固定资产报废或处置产生的净损益、公允价值变动损益、投资收益、财务费用等。所谓剔除，就是之前增加了净利润的项目，此时应该减去，而之前减少了净利润的项目，此时应该加上。比如，投资收益增加了净利润，此时就应该把它减掉；财务费用减少了净利润，此时就应该把它加上。

表2-5 将净利润调整为经营活动现金流

	调整项	调整方向
第一步 将净利润调整为经营性净利润	净利润中不属于经营性净利润的项目： 固定资产报废或处置产生的净损益、公允价值变动损益、投资收益、财务费用等	之前增加了净利润的项目，此时应该减去； 之前减少了净利润的项目，此时应该加上
第二步 将经营性净利润调整为经营活动现金流	影响经营性净利润但不影响经营活动现金流的项目： 当期计提或转回的减值损失，当期计提的固定资产折旧、无形资产摊销	这些项目都影响了经营性净利润，但不影响现金流。之前减少经营性净利润的，应该加上（如遇减值损失转回的，则减去）
	影响经营活动现金流但不影响经营性净利润的项目： 经营性应收款和应付款、存货、递延所得税资产和负债的变动	资产增加（减少）的，此时应该减去（加上）； 负债增加（减少）的，此时应该加上（减去）

第二步是将经营性净利润调整为经营活动现金流。根据差异产生的原因，可将调整项目分为两类。一类是影响经营性净利润但不影

经营活动现金流的项目，比如当期计提或转回的减值损失，当期计提的固定资产折旧、无形资产摊销，这些项目都影响了经营性净利润但不影响现金流，所以就应该对它们进行调整：之前减少经营性净利润的，应该加上；之前增加经营性净利润的，应该减去。

另一类是影响经营活动现金流但不影响经营性净利润的项目，比如一些经营性资产负债项目，如经营性应收款和应付款、存货、递延所得税资产和负债的变动。这些项目中，如果资产是增加（减少）的，此时应该减去（加上）；如果负债是增加（减少）的，此时应该加上（减去）。举个例子，应收账款的增加会减少公司的现金，因为公司并没有因发生销售活动而收到现金，这部分现金被应收账款"吃掉了"，所以若遇此类资产的增加，都应该减去。相反，应付账款的增加会带来现金，因为公司并没有因发生采购活动而支付现金，相当于增加了公司的现金，所以若遇此类负债的增加，都应该加上。

以上是以间接法编制现金流量表的逻辑，即在净利润的基础之上调整了三部分项目。在实际操作中，具体的调整科目（即操作方法）见表2-6。

表2-6　将净利润调整为经营活动现金流的具体操作

项目	备注
净利润	来自预测利润表
加：资产减值准备	根据以往年度现金流量表补充资料中这些项目的数额与相应资产项目的比例关系预测
信用减值损失	
固定资产折旧、油气资产折耗、生产性生物资产折旧	

(续)

项目	备注
投资性房地产折旧	根据以往年度现金流量表补充资料中这些项目的数额与相应资产项目的比例关系预测
使用权资产摊销	
无形资产摊销	
长期待摊费用摊销	
处置固定资产、无形资产和其他长期资产的损失（收益以"-"号填列）	在预测报表中，这些项目可以假设为0。
固定资产报废损失（收益以"-"号填列）	
公允价值变动损失（收益以"-"号填列）	
财务费用（收益以"-"号填列）	来自预测利润表
投资损失（收益以"-"号填列）	来自预测利润表
递延所得税资产减少（增加以"-"号填列）	来自资产负债表当年预测值与上年实际值的差额
递延所得税负债增加（减少以"-"号填列）	
存货的减少（增加以"-"号填列）	
经营性应收项目的减少（增加以"-"号填列）	
经营性应付项目的增加（减少以"-"号填列）	
其他	
经营活动产生的现金流量净额	

从上表可以看出，经营活动现金流的预测是以利润表和资产负债表为基础的。至此，我们完成了预测报表的步骤6——预测现金流量表。

2.6 预测中的难题与艺术

前面 5 节介绍了预测报表的完整流程。此时，大家心里可能有一些疑问：我们为什么要如此费劲地预测这三张报表呢？预测报表中，最大的难点——营业收入的预测，怎样做才更合理呢？本节我们就来解答这些疑问。

为什么要预测三张报表

如果只需要预测利润，我们可以采用一些更简单常用的方法，如预测营业收入的增长，然后乘以某个合适的利润率，就可以得到利润值，再推算出预测的现金流。为什么还要对整套报表进行复杂的预测呢？因为预测报表还有其他作用。

首先，可以对预测结果进行敏感性分析。比如，对于营业收入增长率，我们预测在正常情况下为 10%，在悲观情况下为 5%，在乐观情况下为 15%。再如，对于新增投资，我们预测在正常情况下为 500 万元，在保守情况下为 200 万元，在激进情况下为 1 000 万元甚至 2 000 万元。通过敏感性分析，我们可以知道，当公司的业务发展达到不同的规模、投资处于不同的激进程度的时候，公司未来的状况将如何，可能会有哪些值得关注的问题。

其次，可以帮助我们判断预测的结果是否合理。比如，按照预测流程，我们得出公司明年要新增 3 000 万元的股权融资，从账面预测结果来看似乎很合理，但按照中国股票市场目前的情况，一家企业一次只进行 3 000 万元的股权融资，是不太可能的。股权融资往往是间歇性而非持续性的行为。比如，一家公司可能在若干年内都不会进行股权融资，但是到了一定的阶段，可能会进行一次较大规模的股权融资，在进行这次股权融资之前，这家公司只能通过债权融资获得资金，因而负债率水平会有所上升。如果负债率水平太高的话，可能会超过公司融资的限度。融不到资金，营业收入的增长可能会受影响，之前关于营业收入的预测也就得不到支撑了。因此，预测报表可以帮助我们对预测结果的合理性进行判断。

所以，通常不能仅仅根据营业收入和利润率简单地预测出现金流，而要完整地预测三张报表。

营业收入的预测：以欧洲电力行业为例

在报表预测中，最大的难点莫过于对营业收入的预测。营业收入预测更多的是一门艺术，而非一项技术。我们来看几个欧洲分析师所做的关于欧洲电力行业营业收入的预测。他们预测营业收入的基本思路非常简单，即

$$营业收入 = 销售量 \times 价格$$

营业收入预测被他们分解成了对销售量和价格两方面的预测。

首先是对销售量的预测。从发电到输电,看起来生产过程比较复杂,但假设不考虑储能,电力生产企业是没有存货的。决定销售量的第一个因素是发电量,电厂的装机容量(即生产能力)乘以产能利用率就得到了发电量。考虑到欧洲的很多国家还有电力交易所,很多发电企业卖给用户的电不一定都是自己发的,可能还会有外购的,发电量加上外购电量,就是可供销售的总电量。因为输电过程中会有损耗,可供销售的总电量还需要再乘以(1−输电损耗率),才是用户真正用掉的电。即

销售量=(装机容量×产能利用率+外购电量)×(1−输电损耗率)

在电力行业中,现有的装机容量(生产能力)是一个可以通过调查得到的数字,未来装机容量会增加多少,取决于电厂目前的投资水平。电力行业的投资周期较长,而且在投资形成之后,运行期可达15~30年之久。所以,生产能力的预测是在对电厂现有生产能力和投资情况的调查基础上形成的。

发电有很多种形式,比如核能发电、风能发电、水力发电等。根据调研,不同发电形式的装机容量、产能利用率,以及二者相乘得出的发电量如表2-7所示。

表2-7 对发电量的预测

发电形式	装机容量（单位：兆瓦）	产能利用率（%）	发电量（单位：1 000千瓦时）
煤电	120 753	43.3	52 286
核电	63 978	91.2	58 348
石油和天然气发电	30 885	17.4	5 374
水电和风电	25 941	35.6	9 235
合计	241 557		125 243

外购电量、输电损耗量等数据如表 2-8 所示，发电量加上外购电量，再减去输电损耗量，就是真正被用户用掉的电量，即销售量。

表2-8　对电力销售量的预测　　　　　　单位：1 000千瓦时

项目	数量
发电量	125 243
外购电量	77 172
小计	**202 415**
输电损耗量	9 640
输电损耗率	4.8%
销售量	**192 775**

当发电形式不一样时，产能利用率的差异也非常大。比如：煤电的产能利用率为 43.3%，核电的产能利用率则高达 91.2%，而石油和天然气发电的产能利用率仅为 17.4%。这就要求分析师和预测人员对该行业有非常深入的了解。

其次是对价格的预测。电力价格受一些关键因素的影响，如 GDP 的增长、气候、政府的干预程度等。我们通常用回归分析法来计算它们与电力价格之间的关系，再通过这些外部因素的预测值，来推导出电力的价格。

确定了销售量和价格，营业收入的预测就迎刃而解了。很显然，这是一个极度简化的流程，预测营业收入的真实操作可能比预测三张报表更为复杂。

2.7 预测报表的实战练习

扫描下载Excel实战练习表格，选择工作表"2.7 预测报表的实战练习"

接下来，我们以一套仿真的企业财务报表为例，来进行报表预测的实战练习[⊖]。

表2-9～表2-12所示的是原始数据，包括两年（20*3年12月31日和20*4年12月31日）的资产负债表，20*4年的现金流量表、现金流量表补充资料（即附表），以及利润表。在实际工作中，可以基于过去若干年（比如3年、4年甚至更长时间）的原始报表数据来进行预测。我们在此简化处理，主要采用20*4年的数据来预测20*5年的三张报表。

表2-9 资产负债表　　　　　　　　　单位：万元

项目	20*4年12月31日	20*3年12月31日
流动资产：		
货币资金	159 414	105 293
结算备付金		

⊖ 在本书的实战练习中，所有的计算结果均四舍五入至万元位。因为计算均由Excel完成，可能存在尾差。

（续）

项目	20*4年12月31日	20*3年12月31日
拆出资金		
交易性金融资产		
衍生金融资产		
应收票据	35 525	29 372
应收账款	105 618	107 762
应收款项融资		
预付款项	41 998	20 961
应收保费		
应收分保账款		
应收分保合同准备金		
其他应收款	17 576	18 216
其中：应收利息		
应收股利		
买入返售金融资产		
存货	161 194	104 583
合同资产		
持有待售资产		
一年内到期的非流动资产		
其他流动资产	624	574
流动资产合计	**521 949**	**386 761**
非流动资产：		
发放贷款和垫款		

（续）

项目	20*4年12月31日	20*3年12月31日
债权投资		
其他债权投资		
长期应收款		
长期股权投资	71	-419
其他权益工具投资		
其他非流动金融资产		
投资性房地产		
固定资产	583 107	550 597
在建工程	466 187	71 894
生产性生物资产		
油气资产		
使用权资产		
无形资产	9 524	10 767
开发支出		
商誉		
长期待摊费用	4 191	3 486
递延所得税资产		
其他非流动资产		
非流动资产合计	1 063 080	636 325
资产总计	1 585 029	1 023 086
流动负债：		
短期借款	329 888	225 670

（续）

项目	20*4年12月31日	20*3年12月31日
向中央银行借款		
拆入资金		
交易性金融负债		
衍生金融负债		
应付票据	910	6 890
应付账款	133 904	56 921
预收款项	22 557	23 441
合同负债		
卖出回购金融资产款		
吸收存款及同业存放		
代理买卖证券款		
代理承销证券款		
应付职工薪酬	2 400	2 451
应交税费	9 905	6 747
其他应付款	27 210	32 759
其中：应付利息		
应付股利	78	13
应付手续费及佣金		
应付分保账款		
持有待售负债		
一年内到期的非流动负债	30 533	68 550
其他流动负债	1 053	523

(续)

项目	20*4年12月31日	20*3年12月31日
流动负债合计	558 360	423 952
非流动负债：		
保险合同准备金		
长期借款	164 841	69 288
应付债券	200 963	
其中：优先股		
永续债		
租赁负债		
长期应付款	607	
长期应付职工薪酬		
预计负债		
递延收益		
递延所得税负债		
其他非流动负债		
非流动负债合计	366 411	69 288
负债合计	924 771	493 240
所有者权益（或股东权益）：		
实收资本（或股本）	89 773	89 773
其他权益工具		
其中：优先股		
永续债		
资本公积	198 692	193 285

（续）

项目	20*4年12月31日	20*3年12月31日
减：库存股		
其他综合收益		
专项储备		
盈余公积	52 033	42 506
一般风险准备		
未分配利润	143 409	112 028
归属母公司所有者权益（或股东权益）合计	483 907	437 592
少数股东权益	176 351	92 254
所有者权益（或股东权益）合计	**660 258**	**529 846**
负债和所有者权益（或股东权益）总计	**1 585 029**	**1 023 086**

表 2-10 是 20*4 年的现金流量表，表 2-11 是 20*4 年的现金流量表补充资料。

表2-10 现金流量表　　　　　　　　　　　单位：万元

项目	20*4年度
一、经营活动产生的现金流量：	
销售商品、提供劳务收到的现金	803 916
客户存款和同业存放款项净增加额	
向中央银行借款净增加额	
向其他金融机构拆入资金净增加额	
收到原保险合同保费取得的现金	

(续)

项目	20*4年度
收到再保业务现金净额	
保户储金及投资款净增加额	
收取利息、手续费及佣金的现金	
拆入资金净增加额	
回购业务资金净增加额	
代理买卖证券收到的现金净额	
收到的税费返还	1 249
收到其他与经营活动有关的现金	12 765
经营活动现金流入小计	**817 930**
购买商品、接受劳务支付的现金	620 629
客户贷款及垫款净增加额	
存放中央银行和同业款项净增加额	
支付原保险合同赔付款项的现金	
拆出资金净增加额	
支付利息、手续费及佣金的现金	
支付保单红利的现金	
支付给职工以及为职工支付的现金	35 728
支付的各项税费	66 753
支付其他与经营活动有关的现金	54 196
经营活动现金流出小计	**777 306**
经营活动产生的现金流量净额	**40 624**

（续）

项目	20*4年度
二、投资活动产生的现金流量：	
收回投资收到的现金	5
取得投资收益收到的现金	227
处置固定资产、无形资产和其他长期资产收回的现金净额	269
处置子公司及其他营业单位收到的现金净额	
收到其他与投资活动有关的现金	
投资活动现金流入小计	**501**
购建固定资产、无形资产和其他长期资产支付的现金	395 046
投资支付的现金	
质押贷款净增加额	
取得子公司及其他营业单位支付的现金净额	
支付其他与投资活动有关的现金	
投资活动现金流出小计	**395 046**
投资活动产生的现金流量净额	**−394 545**
三、筹资活动产生的现金流量：	
吸收投资收到的现金	70 780
其中：子公司吸收少数股东投资收到的现金	
取得借款收到的现金	852 798
收到其他与筹资活动有关的现金	9 000
筹资活动现金流入小计	**932 578**
偿还债务支付的现金	494 734
分配股利、利润或偿付利息支付的现金	29 244

(续)

项目	20*4年度
其中：子公司支付给少数股东的股利、利润	
支付其他与筹资活动有关的现金	558
筹资活动现金流出小计	524 536
筹资活动产生的现金流量净额	408 042
四、汇率变动对现金及现金等价物的影响	
五、现金及现金等价物净增加额	54 121
加：期初现金及现金等价物余额	105 293
六、期末现金及现金等价物余额	159 414

表2-11 现金流量表补充资料　　　　　　　　　单位：万元

补充资料	20*4年度
1. 将净利润调节为经营活动现金流量：	
净利润	64 103
加：资产减值准备	−56
信用减值损失	
固定资产折旧、油气资产折耗、生产性生物资产折旧	55 814
投资性房地产折旧	
使用权资产摊销	
无形资产摊销	440
长期待摊费用摊销	692
处置固定资产、无形资产和其他长期资产的损失（收益以"−"号填列）	141

（续）

补充资料	20*4年度
固定资产报废损失（收益以"-"号填列）	1 023
公允价值变动损失（收益以"-"号填列）	
财务费用（收益以"-"号填列）	19 084
投资损失（收益以"-"号填列）	-686
递延所得税资产减少（增加以"-"号填列）	
递延所得税负债增加（减少以"-"号填列）	
存货的减少（增加以"-"号填列）	-60 315
经营性应收项目的减少（增加以"-"号填列）	-24 372
经营性应付项目的增加（减少以"-"号填列）	-15 580
其他	336
经营活动产生的现金流量净额	**40 624**
2. 不涉及现金收支的重大投资和筹资活动：	
债务转为资本	
一年内到期的可转换公司债券	
融资租入固定资产	
3. 现金及现金等价物净变动情况：	
现金的期末余额	159 414
减：现金的期初余额	105 293
加：现金等价物的期末余额	
减：现金等价物的期初余额	
现金及现金等价物净增加额	**54 121**

表 2-12 是 20*4 年的利润表。

表2-12 利润表　　　　　　　　　　　　　　　　　单位：万元

项目	20*4年度
一、营业总收入	706 461
其中：营业收入	706 461
利息收入	
已赚保费	
手续费及佣金收入	
二、营业总成本	631 597
其中：营业成本	538 961
利息支出	
手续费及佣金支出	
退保金	
赔付支出净额	
提取保险责任准备金净额	
保单红利支出	
分保费用	
税金及附加	2 173
销售费用	39 604
管理费用	15 522
研发费用	15 764
财务费用	19 573
其中：利息费用	33 618
利息收入	14 044
加：其他收益	

（续）

项目	20*4年度
投资收益（损失以"-"号填列）	686
其中：对联营企业和合营企业的投资收益	
以摊余成本计量的金融资产终止确认收益	
汇兑收益（损失以"-"号填列）	
净敞口套期收益（损失以"-"号填列）	
公允价值变动收益（损失以"-"号填列）	
信用减值损失（损失以"-"号填列）	
资产减值损失（损失以"-"号填列）	
资产处置收益（损失以"-"号填列）	
三、营业利润（亏损以"-"号填列）	75 550
加：营业外收入	10 690
减：营业外支出	1 496
四、利润总额（亏损总额以"-"号填列）	84 744
减：所得税费用	20 641
五、净利润（净亏损以"-"号填列）	64 103
（一）按经营持续性分类	
1.持续经营净利润（净亏损以"-"号填列）	64 103
2.终止经营净利润（净亏损以"-"号填列）	
（二）按所有权归属分类	
1.归属于母公司所有者的净利润（净亏损以"-"号填列）	50 372
2.少数股东损益（净亏损以"-"号填列）	13 731
六、其他综合收益的税后净额	

(续)

项目	20*4年度
（一）归属母公司所有者的其他综合收益的税后净额	
1．不能重分类进损益的其他综合收益	
（1）重新计量设定受益计划变动额	
（2）权益法下不能转损益的其他综合收益	
（3）其他权益工具投资公允价值变动	
（4）企业自身信用风险公允价值变动	
2．将重分类进损益的其他综合收益	
（1）权益法下可转损益的其他综合收益	
（2）其他债权投资公允价值变动	
（3）金融资产重分类计入其他综合收益的金额	
（4）其他债权投资信用减值准备	
（5）现金流量套期储备	
（6）外币财务报表折算差额	
（7）其他	
（二）归属于少数股东的其他综合收益的税后净额	
七、综合收益总额	64 103
（一）归属于母公司所有者的综合收益总额	50 372
（二）归属于少数股东的综合收益总额	13 731
八、每股收益：	
（一）基本每股收益（元/股）	
（二）稀释每股收益（元/股）	

步骤1和步骤2

步骤1是预测收入。在此,我们简单假设20*5年的收入会比20*4年的收入增长10%,那么,我们将20*4年的相关收入项目乘以1.1,就得到了对20*5年收入的预测结果(见表2-13)。

步骤2是预测与经营活动相关的成本费用。我们假设这些项目和收入之间将保持原有的比例关系,当收入增长10%时,就意味着这些项目也应该增长10%。我们将20*4年的相关成本费用项目乘以1.1,就得到了对20*5年相关成本费用的预测结果(见表2-13)。

表2-13　经营活动的预测

单位:万元

项目	20*5年预测	备注
一、营业总收入	777 107	
二、营业总成本[①]	673 226	
其中:营业成本	592 857	用20*4年的金额乘以1.1
税金及附加	2 390	
销售费用	43 564	
管理费用	17 074	
研发费用	17 340	

① 此处的营业总成本未包含财务费用。

步骤3

步骤3是预测资产负债表左边与经营活动相关的资产(见表2-14)。表2-14中的项目列就是对资产负债表项目的罗列,只不过没有包含长期股权投资等项目。

表2-14 经营性资产的预测　　　　　　　　　　单位：万元

项目	20*5年预测	备注
货币资金	175 355	
结算备付金		
拆出资金		
交易性金融资产		
衍生金融资产		
应收票据	39 078	
应收账款	116 180	
应收款项融资		
预付款项	46 198	20*5年预期营业总收入÷（20*4年营业总收入÷20*4年12月31日单项资产的金额）
应收保费		
应收分保账款		
应收分保合同准备金		
其他应收款	19 334	
买入返售金融资产		
存货	177 313	
合同资产		
持有待售资产		
一年内到期的非流动资产		
其他流动资产	686	
固定资产	641 418	

(续)

项目	20*5年预测	备注
在建工程	512 806	20*5年预期营业总收入 ÷（20*4年营业总收入 ÷ 20*4年12月31日单项资产的金额）
生产性生物资产		
油气资产		
使用权资产		
无形资产	10 476	
开发支出		
长期待摊费用	4 610	
其他非流动资产		
经营性资产总计	1 743 454	
需要融资	158 496	20*5年预测的经营性资产总计 - 20*4年12月31日的经营性资产总计

假设这些资产项目和收入之间的关系保持稳定，即各种财务比率保持稳定，就可以通过20*5年的预期收入推导出资产项目的预测金额。它意味着如果要实现预期收入，企业需要投入多大规模的资产。

我们首先计算20*4年各单项资产的周转率：

$$20*4年单项资产的周转率 = \frac{20*4年营业总收入}{20*4年12月31日单项资产的金额}$$

再用已预测的20*5年的营业总收入除以20*4年各单项资产的周转率，得出20*5年各单项资产的预测金额：

$$20{*}5\text{年单项资产的预测金额} = \frac{20{*}5\text{年预期营业总收入}}{20{*}4\text{年单项资产的周转率}}$$

预测的经营性资产总计约 174 亿元，指当营业收入达到约 78 亿元时所需的资产规模。174 亿元减去 20*4 年 12 月 31 日的经营性资产总计的差，就是 20*5 年由于经营规模扩大而需要进行的外部融资总额。预计 20*5 年需要约 16 亿元的外部资金来支持 10% 的收入增长。

步骤4

步骤 4 需要解决 16 亿元的资金需求问题。

首先，由于公司经营规模的扩张，各项经营性流动负债都会增加，从而自动满足一部分资金需求。根据 20*4 年利润表和 20*4 年 12 月 31 日的资产负债表中收入和负债项目之间的关系，可以得到各单项负债的周转率，再根据 20*5 年预测报表的收入数额，就可以预测出各项经营性流动负债的数额（见表 2-15）。这些经营性流动负债之和，就是随着公司规模的增加而自动增加的负债总额，它们与上一年（20*4 年 12 月 31 日）资产负债表上这些项目之和的差额，就是经营中可以自动增加的资金数额。

表2-15　经营性流动负债的预测　　　　　单位：万元

项目	20*5年预测	备注
应付票据	1 001	20*5年预期营业总收入÷（20*4年营业总收入÷20*4年12月31日单项负债的金额）
应付账款	147 294	
预收款项	24 813	

(续)

项目	20*5年预测	备注
合同负债		
卖出回购金融资产款		
吸收存款及同业存放		
代理买卖证券款		
代理承销证券款		
应付职工薪酬	2 640	20*5年预期营业总收入÷（20*4年营业总收入÷20*4年12月31日单项负债的金额）
应交税费	10 896	
其他应付款	29 931	
其中：应付利息		
应付股利①	78	
应付手续费及佣金		
应付分保账款		
持有待售负债		
一年内到期的非流动负债	33 586	
其他流动负债	1 158	
经营性流动负债合计	**251 319**	
经营性流动负债提供的资金	**22 847**	20*5年预测经营性流动负债合计金额÷1.1×(1.1−1)
实际融资需求	**135 649**	需要融资的金额−经营性流动负债提供的资金

① 假设20*5年未分配也未支付股利，"应付股利"与20*4年数额相同。

在此案例中，我们需要的总融资额约为16亿元，减去经营性流动负债自动增长所提供的资金约2亿元，剩下的差额约14亿元，就是需要通过外部融资来解决的资金需求。

其次，根据20*4年12月31日资产负债表中股东权益、负债合计占负债和股东权益总计的比重，将这14亿元的融资需求在股东权益、短期借款、长期借款之间进行分配（见表2-16）。

表2-16　融资需求分配　　　　　　　　单位：万元

项目	20*4年比例	备注
股东权益比例	41.66%	股东权益合计/负债和股东权益总计
短期借款比例	38.90%	（负债合计/负债和股东权益总计）×[短期借款/（短期借款+长期借款）]
长期借款比例	19.44%	（负债合计/负债和股东权益总计）×[长期借款/（短期借款+长期借款）]
项目	20*5年预测	备注
股东权益	56 506	实际融资需求×股东权益比例
短期借款	52 773	实际融资需求×短期借款比例
长期借款	26 370	实际融资需求×长期借款比例

步骤5

1. 预测营业利润

步骤5先预测财务费用。公司借款并不会都在1月1日获得，在一年中，可能有一些借款获得的时间早，有一些借款获得的时间晚，用 20*4 年的财务费用除以 20*4 年 12 月 31 日的长短期借款之和,得到实际综合利率 3.96%。用实际综合利率 3.96% 乘以新增的长短期借款之和,就可以得到新增的财务费用。我们假设,上一年度的长期借款还会存续,而短期借款会在一年内陆续偿还,因为偿还的时间不确定,所以假设 20*4 年的财务费用会在 20*5 年存续,加上新增的财务费用,就是 20*5 年总的财务费用。

接下来,预测公司的投资情况。假设公司的长期股权投资保持原有的水平,那么 20*5 年的投资收益与 20*4 年的投资收益相等。

在步骤 2 中,我们已经预测了与经营活动相关的成本费用,用营业总收入减去这些成本费用以及财务费用,加上投资收益,就得到了约 8 亿元的营业利润(见表 2-17)。

表2-17 营业利润的预测　　　　　　　　　　　单位:万元

项目	20*5年预测	备注
实际利率	3.96%	20*4年财务费用÷(20*4年12月31日长期借款+短期借款)
新增财务费用	3 131	(20*5年预测新增的长期借款+短期借款)×实际利率
合计财务费用	22 704	新增财务费用+20*4年财务费用
投资收益	686	20*4年投资收益
营业利润	81 863	20*5年预期的营业总收入−营业总成本(表2-13中不含财务费用的值)−合计财务费用+投资收益

2. 预测净利润

营业外收支因不具有可持续性，所以假设为 0。营业利润加上营业外收入，减去营业外支出，就得到了利润总额。

用 20*4 年利润表中的所得税费用除以利润总额，可以得到所得税实际税率 24.36%。用利润总额减去所得税费用，就得到了净利润（见表 2-18）。

表2-18　净利润的预测　　　　　　　　　　单位：万元

项目	20*5年预测	备注
利润总额	81 863	20*5年预测的营业利润+营业外收入-营业外支出
实际税率	24.36%	20*4年所得税费用÷利润总额
净利润	61 923	利润总额×（1-实际税率）

至此，我们就完成了对利润表的预测，接下来需要对所获得的净利润进行分配。

3. 预测所有者权益

首先预测盈余公积。假设 20*5 年按照当年净利润的 10% 提取盈余公积，再加上 20*4 年资产负债表中的盈余公积，就得到了 20*5 年的盈余公积。

然后预测未分配利润。假设当年没有分配股利，用净利润减去提取的盈余公积，再减去分配的股利（此案例为 0），就得到 20*5 年新增的未分配利润，再加上 20*4 年 12 月 31 日的未分配利润，就得到了

20*5 年 12 月 31 日的未分配利润。

假设少数股东权益和资本公积都保持不变，实收资本为已经预测出的新增的股权融资加上公司 20*4 年 12 月 31 日的实收资本，就完成了对所有者权益的预测（见表 2-19）。

表2-19　所有者权益的预测（第1轮）　　　　单位：万元

项目	20*5年预测	备注
实收资本（或股本）	146 279	20*5年新增的股权融资+20*4年12月31日实收资本
资本公积	198 692	20*4年12月31日资本公积
盈余公积	58 225	20*5年净利润×10%+20*4年12月31日盈余公积
未分配利润	199 140	20*5年净利润−提取的盈余公积−分配的股利+20*4年12月31日未分配利润
归属母公司所有者权益（或股东权益）	602 336	前四项的加总
少数股东权益	176 351	20*4年12月31日少数股东权益
所有者权益（或股东权益）合计	778 687	前两项的加总

4. 调平资产负债表

在完成以上步骤之后，我们可以整理出预测的资产负债表的资产（见表 2-20）和负债（见表 2-21）部分。

表2-20 资产的预测（第1轮）　　　　　　　单位：万元

项目	20*5年预测	备注
流动资产：		
货币资金	175 355	
结算备付金		
拆出资金		
交易性金融资产		
衍生金融资产		
应收票据	39 078	
应收账款	116 180	
应收款项融资		来自表2-14经营性资产的预测
预付款项	46 198	
应收保费		计算公式为：
应收分保账款		20*5年预期营业总收入÷
应收分保合同准备金		（20*4年营业总收入÷20*4
其他应收款	19 334	年12月31日单项资产的金额）
其中：应收利息		
应收股利		
买入返售金融资产		
存货	177 313	
合同资产		
持有待售资产		
一年内到期的非流动资产		
其他流动资产	686	

（续）

项目	20*5年预测	备注
流动资产合计	574 144	
非流动资产：		
发放贷款和垫款		
债权投资		
其他债权投资		
长期应收款		
长期股权投资	71	20*4年12月31日长期股权投资
其他权益工具投资		
其他非流动金融资产		
投资性房地产		
固定资产	641 418	来自表2-14经营性资产的预测
在建工程	512 806	来自表2-14经营性资产的预测
生产性生物资产		
油气资产		
使用权资产		
无形资产	10 476	来自表2-14经营性资产的预测
开发支出		
商誉		
长期待摊费用	4 610	来自表2-14经营性资产的预测

(续)

项目	20*5年预测	备注
递延所得税资产		
其他非流动资产		
非流动资产合计	1 169 381	
资产总计	1 743 525	

表2-21 负债的预测（第1轮）　　　　　单位：万元

项目	20*5年预测	备注
流动负债：		
短期借款	52 773	来自表2-16融资需求分配的短期借款
向中央银行借款		
拆入资金		
交易性金融负债		
衍生金融负债		
应付票据	1 001	来自表2-15经营性流动负债的预测
应付账款	147 294	来自表2-15经营性流动负债的预测
预收款项	24 813	来自表2-15经营性流动负债的预测
合同负债		
卖出回购金融资产款		
吸收存款及同业存放		

（续）

项目	20*5年预测	备注
代理买卖证券款		
代理承销证券款		
应付职工薪酬	2 640	来自表2-15经营性流动负债的预测
应交税费	10 896	来自表2-15经营性流动负债的预测
其他应付款	29 931	来自表2-15经营性流动负债的预测
其中：应付利息		
应付股利	78	来自表2-15经营性流动负债的预测
应付手续费及佣金		
应付分保账款		
持有待售负债		
一年内到期的非流动负债	33 586	来自表2-15经营性流动负债的预测
其他流动负债	1 158	来自表2-15经营性流动负债的预测
流动负债合计	**304 092**	
非流动负债：		
保险合同准备金		
长期借款	191 211	20*4年12月31日长期借款+表2-16融资需求分配的长期负债

(续)

项目	20*5年预测	备注
应付债券	200 963	20*4年12月31日应付债券
其中：优先股		
永续债		
租赁负债		
长期应付款	607	20*4年12月31日长期应付款
长期应付职工薪酬		
预计负债		
递延收益		
递延所得税负债		
其他非流动负债		
非流动负债合计	**392 781**	
负债合计	**696 873**	

我们可以发现，这时的报表是不平的，即资产总额（1 743 525 万元，见表 2-20）并不等于负债总额（696 873 万元，见表 2-21）与所有者权益总额（778 687 万元，见表 2-19）之和。于是，我们需要通过调整短期借款或货币资金来对报表进行调平（即表 2-1 的步骤 5.5）。

资产总额比负债和所有者权益总额多出的部分（267 965 万元），应该调增短期借款。短期借款的增加，会导致财务费用的增加，新增的财务费用为新增的短期借款乘以实际利率。通过表 2-22 的计算，可以得出经过第 1 轮调整后的净利润。

表2-22　第1轮调整　　　　　　　　　　　单位：万元

项目	20*5年预测	备注
短期借款调整	267 965	第1轮预测的资产总计（来自表2-20）-负债合计（来自表2-21）-所有者权益（或股东权益）合计（来自表2-19）
长期股权投资调整		
财务费用调整	10 602	短期借款调整×实际利率（来自表2-17）
投资收益调整		
财务费用	33 306	财务费用调整+表2-17合计财务费用
投资收益	686	投资收益调整+表2-17投资收益
利润总额	71 261	表2-18利润总额-财务费用+投资收益
实际税率	24.36%	表2-18实际税率
净利润	**53 904**	税前利润×(1-实际税率)

净利润的变化，又会导致盈余公积和未分配利润的变化，因而资产负债表会再次出现不平衡的情况。经过调整后，所有者权益总额（770 668万元，见表2-23）与负债总额（964 838万元，见表2-24）之和比资产总额（1 743 525万元，见表2-25）少8 019万元。

表2-23　所有者权益的预测（第2轮）　　　　单位：万元

项目	20*5年预测	备注
实收资本（或股本）	146 279	第1轮预测的实收资本（或股本）（来自表2-19）
资本公积	198 692	第1轮预测的资本公积（来自表2-19）
盈余公积	57 423	第1轮调整的净利润（来自表2-22）×10%+20*4年12月31日盈余公积

(续)

项目	20*5年预测	备注
未分配利润	191 923	第1轮调整的净利润（来自表2-22）-提取的盈余公积-分配的股利+20*4年12月31日未分配利润
归属母公司所有者权益（或股东权益）	594 317	前四项的加总
少数股东权益	176 351	20*4年12月31日少数股东权益
所有者权益（或股东权益）合计	770 668	前两项的加总

表2-24 负债的预测（第2轮） 单位：万元

项目	20*5年预测	备注
流动负债：		
短期借款	320 738	表2-21短期借款+表2-22短期借款调整
向中央银行借款		来自表2-21负债的预测（第1轮）
拆入资金		
交易性金融负债		
衍生金融负债		
应付票据	1 001	
应付账款	147 294	
预收款项	24 813	
合同负债		
卖出回购金融资产款		
吸收存款及同业存放		

（续）

项目	20*5年预测	备注
代理买卖证券款		
代理承销证券款		
应付职工薪酬	2 640	
应交税费	10 896	
其他应付款	29 931	
其中：应付利息		来自表2-21负债的预测（第1轮）
应付股利	78	
应付手续费及佣金		
应付分保账款		
持有待售负债		
一年内到期的非流动负债	33 586	
其他流动负债	1 158	
流动负债合计	**572 057**	
非流动负债：		
保险合同准备金		
长期借款	191 211	
应付债券	200 963	
其中：优先股		来自表2-21负债的预测（第1轮）
永续债		
租赁负债		
长期应付款	607	
长期应付职工薪酬		

(续)

项目	20*5年预测	备注
预计负债		来自表2-21负债的预测（第1轮）
递延收益		
递延所得税负债		
其他非流动负债		
非流动负债合计	392 781	
负债合计	964 838	

表2-25 资产的预测（第2轮）　　　　　　　　单位：万元

项目	20*5年预测	备注
流动资产：		
货币资金	175 355	来自表2-20 资产的预测（第1轮）
结算备付金		
拆出资金		
交易性金融资产		
衍生金融资产		
应收票据	39 078	
应收账款	116 180	
应收款项融资		
预付款项	46 198	
应收保费		
应收分保账款		
应收分保合同准备金		

（续）

项目	20*5年预测	备注
其他应收款	19 334	来自表2-20 资产的预测（第1轮）
其中：应收利息		
应收股利		
买入返售金融资产		
存货	177 313	
合同资产		
持有待售资产		
一年内到期的非流动资产		
其他流动资产	686	
流动资产合计	**574 144**	
非流动资产：		
发放贷款和垫款		来自表2-20 资产的预测（第1轮）
债权投资		
其他债权投资		
长期应收款		
长期股权投资	71	表2-20 长期股权投资+表2-22长期股权投资调整
其他权益工具投资		来自表2-20 资产的预测（第1轮）
其他非流动金融资产		
投资性房地产		
固定资产	641 418	
在建工程	512 806	

(续)

项目	20*5年预测	备注
生产性生物资产		
油气资产		
使用权资产		
无形资产	10 476	来自表2-20 资产的预测（第1轮）
开发支出		
商誉		
长期待摊费用	4 610	
递延所得税资产		
其他非流动资产		
非流动资产合计	**1 169 381**	
资产总计	**1 743 525**	

实际上，由于预测报表并不要求那么精确，所以一般调整两轮就可以了，不需要去反复地调平，本案例也是进行了两轮调整（第2轮调整见表2-26）。

表2-26　第2轮调整　　　　　　　　　　　　　　　单位：万元

项目	20*5年预测	备注
短期借款调整	8 019	第2轮预测的资产总计（来自表2-25）－负债总计（来自表2-24）－所有者权益（或股东权益）合计（来自表2-23）
长期股权投资调整		

在这一轮调整中，只需要调整短期借款及负债部分即可（见表2-27）。

表2-27　负债的预测（第3轮）　　　　　　　　单位：万元

项目	20*5年预测	备注
流动负债：		
短期借款	328 757	表2-24短期借款+表2-26短期借款调整
向中央银行借款		
拆入资金		
交易性金融负债		
衍生金融负债		
应付票据	1 001	
应付账款	147 294	
预收款项	24 813	
合同负债		
卖出回购金融资产款		
吸收存款及同业存放		不变
代理买卖证券款		
代理承销证券款		
应付职工薪酬	2 640	
应交税费	10 896	
其他应付款	29 931	
其中：应付利息		
应付股利	78	
应付手续费及佣金		
应付分保账款		

（续）

项目	20*5年预测	备注
持有待售负债		不变
一年内到期的非流动负债	33 586	
其他流动负债	1 158	
流动负债合计	**580 076**	
非流动负债：		
保险合同准备金		不变
长期借款	191 211	
应付债券	200 963	
其中：优先股		
永续债		
租赁负债		
长期应付款	607	
长期应付职工薪酬		
预计负债		
递延收益		
递延所得税负债		
其他非流动负债		
非流动负债合计	**392 781**	
负债合计	**972 857**	

5. 经调整后的资产负债表和利润表

经过两轮调整，我们就完成了对资产负债表（见表2-28）和利润表（见表2-29）的预测。

表2-28 资产负债表　　　　　单位：万元

项目	20*5年12月31日
流动资产：	
货币资金	175 355
结算备付金	
拆出资金	
交易性金融资产	
衍生金融资产	
应收票据	39 078
应收账款	116 180
应收款项融资	
预付款项	46 198
应收保费	
应收分保账款	
应收分保合同准备金	
其他应收款	19 334
其中：应收利息	
应收股利	
买入返售金融资产	
存货	177 313
合同资产	
持有待售资产	
一年内到期的非流动资产	
其他流动资产	686

(续)

项目	20*5年12月31日
流动资产合计	574 144
非流动资产：	
发放贷款和垫款	
债权投资	
其他债权投资	
长期应收款	
长期股权投资	71
其他权益工具投资	
其他非流动金融资产	
投资性房地产	
固定资产	641 418
在建工程	512 806
生产性生物资产	
油气资产	
使用权资产	
无形资产	10 476
开发支出	
商誉	
长期待摊费用	4 610
递延所得税资产	
其他非流动资产	
非流动资产合计	1 169 381

（续）

项目	20*5年12月31日
资产总计	1 743 525
流动负债：	
短期借款	328 757
向中央银行借款	
拆入资金	
交易性金融负债	
衍生金融负债	
应付票据	1 001
应付账款	147 294
预收款项	24 813
合同负债	
卖出回购金融资产款	
吸收存款及同业存放	
代理买卖证券款	
代理承销证券款	
应付职工薪酬	2 640
应交税费	10 896
其他应付款	29 931
其中：应付利息	
应付股利	78
应付手续费及佣金	
应付分保账款	

(续)

项目	20*5年12月31日
持有待售负债	
一年内到期的非流动负债	33 586
其他流动负债	1 158
流动负债合计	**580 076**
非流动负债：	
保险合同准备金	
长期借款	191 211
应付债券	200 963
其中：优先股	
永续债	
租赁负债	
长期应付款	607
长期应付职工薪酬	
预计负债	
递延收益	
递延所得税负债	
其他非流动负债	
非流动负债合计	**392 781**
负债合计	**972 857**
所有者权益（或股东权益）：	
实收资本（或股本）	146 279
其他权益工具	

（续）

项目	20*5年12月31日
其中：优先股	
永续债	
资本公积	198 692
减：库存股	
其他综合收益	
专项储备	
盈余公积	57 423
一般风险准备	
未分配利润	191 923
归属母公司所有者权益（或股东权益）合计	594 317
少数股东权益	176 351
所有者权益（或股东权益）合计	**770 668**
负债和所有者权益（或股东权益）总计	**1 743 525**

表2-29　利润表　　　　　　　　　　　　　　　　单位：万元

项目	20*5年度
一、营业总收入	777 107
其中：营业收入	
利息收入	
已赚保费	
手续费及佣金收入	
二、营业总成本	706 532

（续）

项目	20*5年度
其中：营业成本	592 857
利息支出	
手续费及佣金支出	
退保金	
赔付支出净额	
提取保险责任准备金净额	
保单红利支出	
分保费用	
税金及附加	2 390
销售费用	43 564
管理费用	17 074
研发费用	17 340
财务费用	33 306
其中：利息费用	
利息收入	
加：其他收益	
投资收益（损失以"-"号填列）	686
其中：对联营企业和合营企业的投资收益	
以摊余成本计量的金融资产终止确认收益	
汇兑收益（损失以"-"号填列）	
净敞口套期收益（损失以"-"号填列）	
公允价值变动收益（损失以"-"号填列）	

（续）

项目	20*5年度
信用减值损失（损失以"-"号填列）	
资产减值损失（损失以"-"号填列）	
资产处置收益（损失以"-"号填列）	
三、营业利润（亏损以"-"号填列）	71 261
加：营业外收入	
减：营业外支出	
四、利润总额（亏损总额以"-"号填列）	71 261
减：所得税费用	17 357
五、净利润（净亏损以"-"号填列）	53 904
（一）按经营持续性分类	
1. 持续经营净利润（净亏损以"-"号填列）	53 904
2. 终止经营净利润（净亏损以"-"号填列）	
（二）按所有权归属分类	
1. 归属于母公司所有者的净利润（净亏损以"-"号填列）	42 358
2. 少数股东损益（净亏损以"-"号填列）	11 546
六、其他综合收益的税后净额	
（一）归属母公司所有者的其他综合收益的税后净额	
1. 不能重分类进损益的其他综合收益	
（1）重新计量设定受益计划变动额	
（2）权益法下不能转损益的其他综合收益	
（3）其他权益工具投资公允价值变动	
（4）企业自身信用风险公允价值变动	

(续)

项目	20*5年度
2. 将重分类进损益的其他综合收益	
（1）权益法下可转损益的其他综合收益	
（2）其他债权投资公允价值变动	
（3）金融资产重分类计入其他综合收益的金额	
（4）其他债权投资信用减值准备	
（5）现金流量套期储备	
（6）外币财务报表折算差额	
（7）其他	
（二）归属于少数股东的其他综合收益的税后净额	
七、综合收益总额	53 904
（一）归属于母公司所有者的综合收益总额	42 358
（二）归属于少数股东的综合收益总额	11 546
八、每股收益：	
（一）基本每股收益（元/股）	
（二）稀释每股收益（元/股）	

步骤6

最后一步是预测现金流量表。

对现金流量表进行预测时，不要求预测主表，只要求预测附表，同时也并不要求预测附表上所有的现金流部分，只需要预测出经营活动产生的现金流量（见表2-30）。

表2-30　经营活动产生的现金流量净额　　　　　　　单位：万元

项目	20*5年度
将净利润调节为经营活动现金流量：	
净利润	53 904
加：资产减值准备	−62
信用减值损失	
固定资产折旧、油气资产折耗、生产性生物资产折旧	61 395
投资性房地产折旧	
使用权资产摊销	
无形资产摊销	484
长期待摊费用摊销	761
处置固定资产、无形资产和其他长期资产的损失（收益以"−"号填列）	155
固定资产报废损失（收益以"−"号填列）	1 125
公允价值变动损失（收益以"−"号填列）	
财务费用（收益以"−"号填列）	33 306
投资损失（收益以"−"号填列）	−686
递延所得税资产减少（增加以"−"号填列）	
递延所得税负债增加（减少以"−"号填列）	
存货的减少（增加以"−"号填列）	−16 119
经营性应收项目的减少（增加以"−"号填列）	−20 072
经营性应付项目的增加（减少以"−"号填列）	19 689
其他	
经营活动产生的现金流量净额	**133 881**

表 2-30 中的数据均来自之前预测的报表。

其中，净利润的数额来自 20*5 年度的利润表（表 2-29）。

对于资产减值准备、固定资产折旧等、无形资产摊销、长期待摊费用摊销这些项目，我们假设它们将保持原有的比例关系。如果利润表的整体结构没有变化，那么这些项目会随着收入的变化而保持相应比例的变化。

同样，处置固定资产等的损失、固定资产报废损失这些项目，也会保持原有的比例关系，也都会随着收入的变化而保持相应比例的变化。

财务费用、投资损失这些项目的数额，来自 20*5 年度的利润表（表 2-29）。

存货的减少、经营性应收项目的减少、经营性应付项目的增加这些项目的数额，来自 20*5 年 12 月 31 日的资产负债表（表 2-28）和 20*4 年 12 月 31 日的资产负债表（表 2-9）之间的差额。

最后，我们就得到了经营活动产生的现金流量净额。

以上就是一个完整的报表预测的实战练习，至此，我们也完成了对三张报表的预测。

| 第3章 |

估值模型

在前面两章中，我们了解了估值的基本逻辑和现金流贴现法。现金流贴现法有两个基本要素：一个是用来贴现的未来收益，另一个是贴现率。那么，如何把估值所需的这两个基本要素用到具体的估值模型中？如何用估值模型进行估值呢？本章我们先介绍五种常见的估值模型的估值逻辑，再详细介绍其中的两种。

3.1 五种常见的估值模型

图 3-1 回顾了估值的基本框架，左边表示的是公司价值的创造：一部分是经营活动创造的价值，或叫**自由现金流**（Free Cash Flow，FCF）创造的价值，另一部分是非经营性净资产的价值，也可以理解为金融资产所具有的价值。这两部分之和就构成了公司的整体价值。

这个整体价值又由三部分权益人来分享，一部分是债权人，一部分是普通股股东，还有一部分是公司发行的其他证券的持有人，比如优先股股东。分别对应了负债的价值、普通股权益的价值和其他资本索取权的价值。

图3-1 估值的基本框架

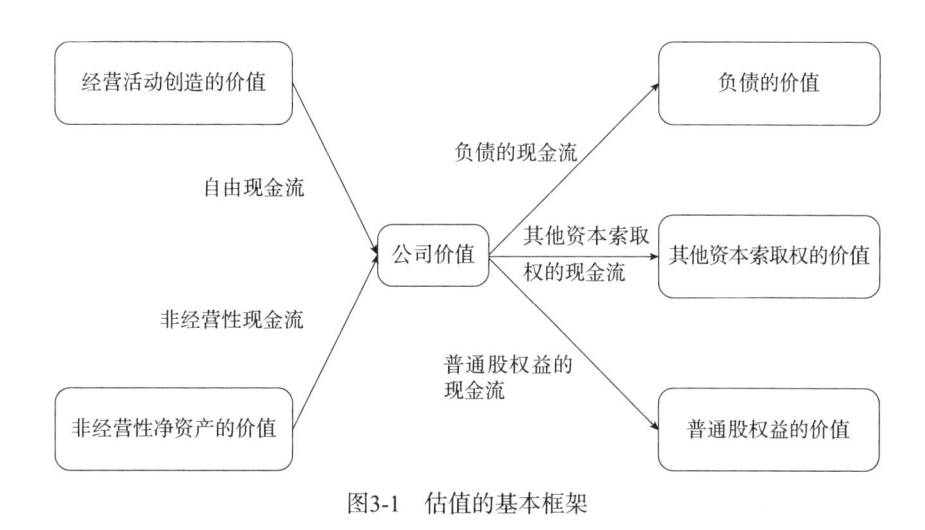

估计普通股权益的价值有两大思路：一种思路是先估计公司的整体价值，再减去负债和其他资本索取权的价值，剩余部分就是普通股权益的价值；另一种思路是直接估计普通股权益的价值，即先计算普通股股东可获得的未来收益现金流，再将其贴现。估值思路不同，就有不同的估值模型，以下是五种常见的估值模型，其中最基本的就是股利贴现模型。

股利贴现模型简介

股利贴现模型是最直观、最简单的估值模型，它的基本逻辑是，普通股权益的价值等于普通股股东未来各年可能获得的股利的现值之和。

$$普通股权益的价值 = PV（股利）$$

式中，PV（Present Value）代表现值，也称折现值、贴现值。

权益现金流贴现模型简介

权益现金流贴现模型与股利贴现模型类似。所谓权益现金流，指的就是普通股股东所能获得的未来现金流。但这个贴现模型与股利贴现模型的不同之处在于，在股利贴现模型中，我们是直接估计普通股股东未来各年可能获得的股利，然后进行贴现并加总，而在权益现金流贴现模型中，我们认为股利是没有办法准确估计的，所以估计的是公司未来各年的总现金流。

图 3-1 的左边表示价值的产生。价值的产生由两部分现金流来支持，经营活动创造的价值由公司的自由现金流来支持，非经营性净资产的价值由非经营性现金流来支持。自由现金流和非经营性现金流之和就是公司的总现金流。这个总现金流又分配给三部分权益人，用公司的总现金流减去负债的现金流和其他资本索取权的现金流，剩余部分就是普通股权益的现金流。把未来各年普通股权益的现金流贴现后加总，得到的就是普通股权益的价值。

普通股权益的价值=PV（自由现金流+非经营性现金流-负债的现金流-其他资本索取权的现金流）

自由现金流贴现模型简介

第三种是**自由现金流贴现**（Discounted Cash Flow，DCF）**模型**。自由现金流贴现模型的基本思路是，首先估计公司未来各年的自由现金流，再将其贴现并加总，就得到了公司经营活动所创造的价值。进一步地，经营活动创造的价值加上非经营性净资产的价值，就是公司的整体价值。公司的整体价值减去负债的价值和其他资本索取权的价值，剩余部分就是普通股权益的价值。

普通股权益的价值=PV（自由现金流）+非经营性净资产的价值-
负债的价值-其他资本索取权的价值

调整后的现值模型简介

调整后的现值（Adjusted Present Value，APV）**模型**是一种以自由现金流贴现模型为基础的估值模型。它与自由现金流贴现模型的区别在于，它并不直接估计自由现金流，而是先把公司假设成没有任何负债的无杠杆公司，再来考虑公司的自由现金流情况以及贴现结果。而现实中的公司是有杠杆的，因此还要再加上杠杆所带来的价值。这两部分之和就是自由现金流贴现的结果。也就是说，用自由现金流在无杠杆时的贴现结果，加上杠杆带来的价值，再加上非经营性净资产的价值，就得到了公司的总价值。公司的总价值减去负债的价值和其他资本索取权的价值，就是普通股权益的价值。

普通股权益的价值=PV（无杠杆时的自由现金流）+杠杆带来的价值+
非经营性净资产的价值-负债的价值-
其他资本索取权的价值

剩余收益模型简介

剩余收益模型（Residual Income Model，RIM），在实际应用时叫 **EVA**（Economic Value Added）**估值法**，它与自由现金流贴现模型最

重要的区别在于，如何去估计公司经营活动所创造的价值。在自由现金流贴现模型中，我们直接估计未来各年的自由现金流并进行贴现，得到经营活动所创造的价值。在 EVA 估值法中，我们认为公司经营活动所创造的价值是由两部分构成的，一部分是当公司只拥有平均收益水平时应具有的价值，另一部分就是公司可创造剩余收益的价值。

所谓剩余收益，是指实际收益超过（或低于）平均收益的部分，即实际收益与平均收益的差额。公司只具有平均收益水平时的价值再加上可创造剩余收益的价值，就是公司经营活动所创造的价值，再加上非经营性净资产的价值就是公司的整体价值。用公司的整体价值减去负债的价值和其他资本索取权的价值，就得到普通股权益的价值。

普通股权益的价值＝经营性净资产的账面价值＋
　　　　　　　　PV（经营活动创造的剩余价值）＋
　　　　　　　　非经营性净资产的价值−负债的价值−
　　　　　　　　其他资本索取权的价值

以上就是五种常见的估值模型。其实，常用的只有自由现金流贴现模型和剩余收益模型两种，因此，我们会用两章来专门介绍，另外三种在现实中很少应用，我们会用三节来简单介绍。

3.2 五种模型之一：股利贴现模型

股利贴现模型是最容易理解、最直观的贴现模型，但为什么很少应用呢？因为要估计普通股权益的价值，就需要对各年可能获得的股利 D_t 进行贴现并加总：

$$普通股权益的价值=\sum_{t=1}^{\infty}\frac{D_t}{(1+r)^t}$$

因为此时被贴现的是股东所获得的股利，所以贴现率应该使用权益资本成本 r。

事实上，我们在现实中无法准确估计公司未来的股利分配数额。一种简化的处理方法就是假设公司的股利从第二年开始就维持一个固定的增长率 g。假设长期稳定的股利增长率为 g^*，即 g^* 是对 g 的一个合理估计，因而估值的结果就应该等于下一期预期的股利除以（权益资本成本 $r-g^*$）的差，即

$$普通股权益的价值=\frac{D_1}{r-g^*}$$

[例 3-1] 预计公司下一期分配的股利是每股 3 元，权益资本成本是 12% 且一直保持不变。假设公司的股利增长率是 5%，那么每股估值的结果是：

$$\frac{3}{12\%-5\%} \approx 43（元）$$

如果股利增长率在 5% 的基础上增减 1%，即当股利增长率是 6% 或 4% 时，相应的估值结果分别是：

$$\frac{3}{12\%-6\%} = 50（元）$$

$$\frac{3}{12\%-4\%} = 37.5（元）$$

相应地，当股利增长率是 8% 时，每股估值的结果是 75 元。当股利增长率变成 7% 或 9% 时，每股估值的结果分别是 60 元和 100 元。

从上述例子中我们看到，股利增长率仅仅变化了 1%，估值的结果就会增减几元甚至十几元或二十几元。特别是当股利增长率越高时，差距变得越大。所以，**股利增长率对股利贴现模型的估值结果有非常显著的影响**。

这就意味着预测股利增长率变成了非常重要的任务，我们应该选取合适的股利增长率 g^*。所谓"合适"，是指预期公司在长期内有足够的资金来支付预期的股利，同时又不会闲置多余的现金。既然长期可持续，就意味着公司未来所有的经营活动产生的现金流，减去为了维持现有的经营活动规模所需要进行的固定资产等的投资，再减去偿还债务所需要支付的现金，剩余部分正好仅够支付股利。所以，对未来股利合理的预期，就是自由现金流减去偿债所需要支付的现金流后剩余的现金流。对此股利进行贴现，即为以下等式的右边。

$$\frac{D_1}{r-g^*} = C_0 + \sum_{t=1}^{\infty}\frac{\text{FCF}_t - \text{DS}_t}{(1+r)^t}$$

如果我们能计算出等式的右边，就可以计算出 g^*，也就可以算出公司的估值。换句话说，要找到真正可持续的、稳定的 g^*，前提是要知道公司的价值是多少。显然，这里就存在着循环论证的问题，即计算 g^* 的目的是得到估值的结果，而得到 g^* 的前提是知道了估值的结果。这就是为什么股利贴现模型虽然非常容易理解，但事实上却很少应用。

3.3
五种模型之二：权益现金流贴现模型

权益现金流贴现模型与股利贴现模型非常相似，只不过它不是去估计股利，而是去估计普通股股东未来可能获得的现金流（即权益现金流）。它假设公司的留存收益都投资于不创造价值的项目（净现金流或净现值为零的项目），公司哪怕有额外的利润留存也不会创造额外的价值，这时权益现金流的现值就与股利的现值完全一样。

同理，在使用权益现金流贴现时也会遇到预测增长率的问题，而增长率对于估值结果有着非常大的影响。也出于同样的原因，估计可持续的、稳定的增长率相当困难，因而权益现金流贴现模型在现实中也很少应用。

3.4
五种模型之三：调整后的现值模型

调整后的现值模型估值的基本思路，是先假设公司没有任何负债，是无杠杆的，在此情况下将公司的自由现金流进行贴现。因为无杠杆，所以公司的加权平均资本成本和权益资本成本是相等的，将自由现金流进行贴现时，应该使用权益资本成本。将贴现加总后，我们就得到了在这个假设前提下公司经营活动所创造的价值。

现实中，大多数公司是有负债的，因此我们需要在以上结果的基础上，调整杠杆所附加的价值。负债会给公司价值带来怎样的影响呢？

由于负债会产生利息支出，而利息支出作为一项费用，可以在税前扣除，所以支付利息可以让公司少交税，我们称之为利息的税盾作用。这是负债所带来的价值的增加。但与此同时，负债会增加公司的偿债风险。公司的负债水平越高，无力偿债的风险就越大，公司的价值又会因此而减少。

调整负债对价值的影响，实际上是一个非常复杂的过程。我们既需要估计利息的税盾作用所带来的价值增加，又需要考虑负债增加所带来的风险导致的价值减少。鉴于后者很难估计，所以该模型在实际中也很少应用。

> **重要 valuation 知识点**

股利贴现模型

股利贴现模型的逻辑是，普通股权益的价值等于普通股股东未来各年可能获得的股利的现值之和。

$$普通股权益的价值 = PV（股利）$$

权益现金流贴现模型

权益现金流贴现模型与股利贴现模型类似，不同之处在于，权益现金流贴现模型假设股利是没有办法准确估计的，所以估计的是公司未来各年的总现金流。

普通股权益的价值=PV（自由现金流+非经营性现金流−负债的现金流−其他资本索取权的现金流）

自由现金流贴现模型

普通股权益的价值=PV（自由现金流）+非经营性净资产的价值−负债的价值−其他资本索取权的价值

调整后的现值模型

调整后的现值模型是一种以自由现金流贴现模型为基础的估值模型。它与自由现金流贴现模型的区别在于，先把公司假设成没有任何负债的无杠杆公司，考虑公司的自由现金流情况及贴现结果，和杠杆所带来的价值。

$$普通股权益的价值 = PV（无杠杆时的自由现金流）+ \\ 杠杆带来的价值 + 非经营性净资产的价值 - \\ 负债的价值 - 其他资本索取权的价值$$

剩余收益模型

该模型认为，公司经营活动所创造的价值是由两部分构成的，一部分是当公司只拥有平均收益水平时应具有的价值，另一部分就是公司可创造剩余收益的价值。

$$普通股权益的价值 = 经营性净资产的账面价值 + \\ PV（经营活动创造的剩余价值）+ \\ 非经营性净资产的价值 - 负债的价值 - \\ 其他资本索取权的价值$$

| 第4章 |

五种模型之四：
自由现金流贴现模型

4.1 什么是自由现金流

本章我们将详细介绍自由现金流贴现模型，它在现实中应用得非常广泛。

在介绍自由现金流的概念之前，我们先来看表4-1，左边的部分就是现金流量表中的三类现金流：**经营活动现金流**、**投资活动现金流**和**融资活动现金流**。右边从自由现金流的视角将净现金流同样分解成三个部分：自由现金流、非经营性现金流和资本现金流。在这里需要说明的是，表中左边的融资活动现金流与右边的资本现金流是完全一样的。

表4-1　自由现金流贴现模型

现金流量表	自由现金流表
经营活动现金流	自由现金流
投资活动现金流	非经营性现金流
融资活动现金流	资本现金流
净现金流	净现金流

相等

自由现金流与经营活动现金流有什么区别呢？**自由现金流包含经营活动现金流以及公司为了维持现有经营规模而必须进行的投资（即资本性支出，现金流可能为负值）。**

从自由现金流的视角，我们对经营活动现金流和投资活动现金流进行了重组。具体而言，我们把投资活动现金流分成了两部分，一部分是为了维持现有经营规模而必须进行的投资，另一部分是与经营活动无关的其他投资。因此，将为了维持现有规模而必须进行的投资与原经营活动现金流加总，就形成了自由现金流。投资活动现金流中与经营活动无关的其他投资，就是非经营性现金流（见图4-1）。

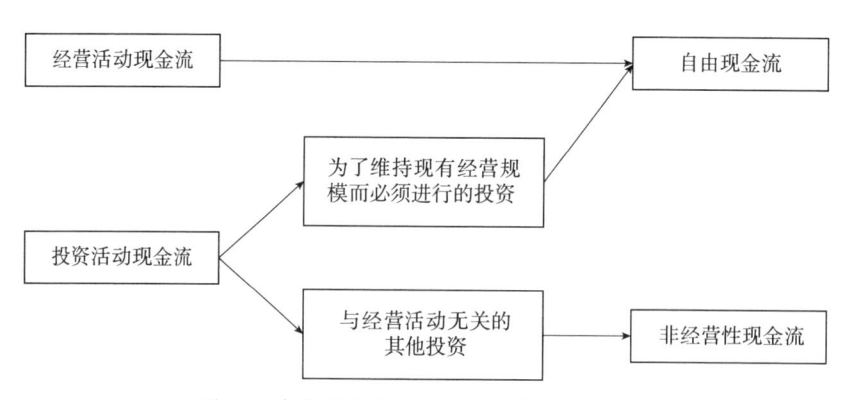

图4-1　自由现金流与经营活动现金流的关系

4.2 自由现金流的计算方法

将净利润调整成税后净经营性利润

表 4-2 列示了自由现金流的部分计算过程,需要注意的是,表 4-2 得到的最终结果并不是自由现金流。计算自由现金流,首先要计算利润,此处的利润并不是我们在报表上所看到的净利润,而是**税后净经营性利润**。通常我们把税后净经营性利润简称为 NOPAT(Net Operating Profit After Tax)。

表4-2 NOPAT的计算

第一种方法	第二种方法
营业总收入	净利润
-营业成本	+资产减值损失
-税金及附加	-公允价值变动收益
-销售费用	-投资收益
-管理费用	-营业外收入(+支出)
-研发费用	+少数股东损益

（续）

第一种方法	第二种方法
=包含财务费用的税前经营性利润	+税后利息费用（-收入）
-所得税费用	=NOPAT
=NOPAT	

在实际计算公司的净利润时，要扣除财务费用，但如果只考虑公司经营活动所创造的利润，就不应该扣除财务费用。所以 NOPAT 中是包含财务费用的。

NOPAT 有两种计算方法。第一种是从利润表的第一个项目开始往下算，用营业总收入减去营业成本、税金及附加、销售费用、管理费用和研发费用，但不减财务费用，就得到了包含财务费用的税前经营性利润。用包含财务费用的税前经营性利润扣除所得税费用，就得到了 NOPAT。

第二种是从利润表中的净利润开始往前推算 NOPAT。用净利润加资产减值的损失，然后减去公允价值变动的收益、投资收益和营业外收入（或加上营业外支出），再加上少数股东损益，最后再加上税后利息费用（或减去税后利息收入），同样可以得到 NOPAT。

将税后净经营性利润调整成经营活动现金流

根据已经预测出来的利润表计算出的 NOPAT 仍然是利润的概念，要转化成现金流还需要进一步的调整。因此，我们首先要把 NOPAT 变成**经营活动现金流**（见表 4-3 第一步），再把经营活动现金流变成

FCF（见表 4-3 第二步）。

表4-3 从NOPAT调整至FCF

NOPAT	
+折旧	第一步
+递延所得税的增加额	
-经营性流动资产的增加额	
-存货的增加额	
+经营性流动负债的增加额	
-资本性支出（固定资产的增加额+折旧）	第二步
-商誉投资（商誉的增加额）	
=FCF	

第一步，我们把 NOPAT 调整成经营活动现金流。在 NOPAT 的基础上，通过加回折旧、递延所得税的增加额，减去经营性流动资产的增加额和存货的增加额，最后再加上经营性流动负债的增加额，就可以得到经营活动现金流。实际上，这是前面章节中介绍的以间接法编制的现金流量表第二个部分的内容，即将经营性利润变成经营活动现金流。

如果回忆以间接法编制的现金流量表，我们便很容易理解表 4-3 的第一步。其实这部分调整的是那些资产负债项目的变化，对这些项目的调整不影响利润，但是会影响现金流。比如，折旧项目在计算利润的过程中已经被扣除了，但它本身并不减少公司的现金流，所以要加回。经过这些调整，我们便把 NOPAT 变成了经营活动现金流。

将经营活动现金流调整成自由现金流

经营活动现金流与 FCF 之间还有一个差异，即 FCF 要在经营活动现金流的基础上扣除公司为了维持现有经营规模而必须进行的投资支出。一般来说，这些投资往往是用在固定资产等项目上的，因此通常被称为资本性支出。为了将经营活动现金流调整成自由现金流，我们要进行两项调整（见表 4-3 第二步）。

一项调整是减去公司的资本性支出。由于公司固定资产项目金额的增加指的是固定资产净额的增长，但真正进行投资时改变的是固定资产的原值，所以我们用固定资产的增加额加上折旧额，来近似代替公司进行投资时的资本性支出的数额。

另一项调整是减去商誉投资。公司的商誉是在收购其他公司时因收购价格超过被收购公司股东权益的评估价格而形成的。例如，被收购公司股东权益账面价值是 100 万元，评估价格是 200 万元，但是它最终以 400 万元的价格被收购。这 400 万元与 200 万元之间的价差并不是由于资产本身的增值引起的，而是来源于被收购公司自身的管理所带来的资本市场对价值的认同，这个部分就叫商誉。

实际上，商誉投资就是商誉的增加额，是公司收购过程中买进了一些不太容易辨识的、不能够具体划分到某种资产上的投资。这部分投资也应该作为资本性支出增加的另外一种形式，所以在此还要扣除商誉投资。

经营活动现金流在经过这两项调整之后，就转换成了 FCF。

4.3 将自由现金流进行贴现

在得到自由现金流（FCF）后，接下来我们就要把自由现金流用在相应的估值模型中，得到最终的估值结果。

预测期内的自由现金流贴现

预测报表通常不会只预测一年，因而也会预测几年的自由现金流，比如三五年的。假设我们预测了公司5年的报表，那么我们就可以根据每一年的预测报表计算出当年的自由现金流。在预测期内，我们将每年的自由现金流进行贴现并加总，就可以得到预测期内自由现金流的现值总和。

预测期之后的自由现金流贴现

对于5年之后，我们又该如何处理呢？我们不可能不断预测公司未来各年的自由现金流，因此通常做简化处理：如果预测期是3年，那就假设从第4年开始，自由现金流保持永续年金的形式；如果预测期是5年，那就假设从第6年开始，自由现金流保持永续年金的形式。

一般我们假设在预测期之后，自由现金流将维持一个固定的增长率。

假设贴现率是 r，预测期是 5 年，从第 6 年开始，自由现金流将维持稳定的增长率 g，就可以得到第 6 年之后所有年份的自由现金流的现值之和为：

$$\frac{FCF_6}{r-g}$$

但是，这里只是贴现到了第 5 年的年末，我们还需要把它进一步贴现到当前时点，即第 1 年的年初，计算公式如下：

$$\frac{FCF_6}{(r-g)(1+r)^5}$$

这样我们就得到了永续年金期间自由现金流的现值总和。

普通股权益的价值

我们将前两步的结果（即预测期内自由现金流的现值总和与预测期之后的自由现金流的现值总和）加总，就得到了自由现金流所创造的价值总和，即经营活动创造的价值。再加上非经营性净资产的价值，就得到了公司的整体价值。用公司的整体价值减去负债的价值和其他资本索取权的价值，剩余部分就是普通股权益的价值。

如果要得到每股的估值，则可以用普通股权益的价值除以普通股的股数。

以上就是完整的自由现金流估值模型的估值过程。接下来，我们将结合具体的实例，来应用这一模型进行估值。

4.4 估值的实战练习

> 扫描下载Excel实战练习表格，选择工作表"4.4 估值的实战练习"

步骤1：预测自由现金流

首先，预测公司未来的NOPAT。

根据2.7中预测的利润表（见表2-29），我们用营业总收入减营业成本、税金及附加、销售费用、管理费用和研发费用，就得到了包含财务费用的税前营业利润，再减去所得税费用，就得到了20*5年的NOPAT（见表4-4）。

表4-4　20*5年的NOPAT　　　　　　　　　单位：万元

项目	金额
营业总收入	777 107
-营业成本	592 857
-税金及附加	2 390
-销售费用	43 564
-管理费用	17 074

(续)

项目	金额
-研发费用	17 340
-所得税费用	17 357
NOPAT	86 524

在NOPAT的基础上,加回折旧、递延所得税的增加额,减去经营性流动资产的增加额、存货的增加额,加上经营性流动负债的增加额,就得到了经营活动现金流。用经营活动现金流减去资本性支出、商誉投资,就得到了20*5年的FCF(见表4-5)。

表4-5　20*5年的FCF　　　　　　　　　单位:万元

项目	金额
NOPAT	86 524
+折旧	61 395
+递延所得税的增加额	
-经营性流动资产的增加额	34 256
-存货的增加额	16 119
+经营性流动负债的增加额	15 837
-资本性支出(固定资产的增加额+折旧)	119 706
-商誉投资(商誉的增加额)	
FCF	-6 325

按照同样的方法,我们可以继续预测公司未来三五年甚至更长时间的自由现金流。在本案例中,我们预测出了五年的自由现金流(省略详细的计算过程)。

步骤2：预测期内的自由现金流贴现

接下来，我们需要确定期望收益率。在对公司进行整体估值时，期望收益率（即贴现率）应该是公司的加权平均资本成本（WACC）。

在本案例中，我们是这样来确定 WACC 的：

首先，按照财务费用占有息负债的比例，计算出实际的负债资本成本；

其次，根据万得数据库提供的 β 数值，用 CAPM 计算出权益资本成本；

最后，将负债资本成本和权益资本成本按照有息负债和股东权益的比例关系进行加权平均，就得到了 WACC。

在此，我们省略了详细的计算过程，直接给出计算结果：WACC 约为 8%。因此，各年度的贴现因子计算如下：

第 1 年，$(1+8\%)=1.08$

第 2 年，$(1+8\%)^2=1.1664$

第 3 年，$(1+8\%)^3=1.259712$

……

将预测期内各年的自由现金流除以相应的贴现因子，就得到了各年自由现金流的贴现值。将预测的五年的自由现金流的贴现值加总，就得到了预测期内自由现金流的现值总和。为了简化运算，我们假设

FCF 在 20*6～20*9 年的数值分别如表 4-6 所示。

表4-6 预测期内的FCF现值总和　　　　　　　　单位：万元

项目	20*5年	20*6年	20*7年	20*8年	20*9年
FCF	-6 325	-2 696	4 687	30 846	75 599
期望收益率（WACC）	8%				
贴现因子	1.08	1.1664	1.259712	1.36048896	1.469328077
FCF的现值	-5 857	-2 311	3 721	22 673	51 451
预测期内的FCF现值总和	69 677				

步骤3：预测期之后的自由现金流贴现

假设从 20*9 年的下一年开始，自由现金流保持永续年金的形式，以 5% 的稳定的增长率增长。接下来，我们预测永续年金期间自由现金流的现值总和。

20*0 年（永续年金期间第一年）FCF=20*9 年 FCF × 1.05=75 599 × 1.05=79 379（万元）。

20*0 年之后所有年份的 FCF 的现值总和为：$\dfrac{\text{FCF}_{20*0}}{(r-g)(1+r)^5}=$

$\dfrac{\text{FCF}_{20*0}}{(8\%-5\%)(1+8\%)^5}=1\,800\,799$（万元）。

至此，我们就得到了预测期之后的自由现金流的现值总和。

步骤4：计算普通股权益的价值

经营活动创造的价值 = 预测期内的 FCF 现值总和 + 预测期之后的 FCF 现值总和 = 69 677+1 800 799=1 870 476（万元）。

假设非经营性净资产的价值为 0，普通股权益的价值 = 经营活动创造的价值 + 非经营性净资产的价值 − 负债的价值 − 其他资本索取权的价值 =1 870 476−924 771=945 705（万元）。

如果要得到每股的估值，则可以用普通股权益的价值除以普通股的股数。以上就是自由现金流估值模型的估值实例。

重要 valuation 知识点

自由现金流

自由现金流包含经营活动现金流以及公司为了维持现有经营规模而必须进行的投资。

自由现金流的计算步骤

计算自由现金流一般分为两步：

第一步是计算税后净经营性利润（NOPAT），这是一个经营性净利润的概念。

第二步是在NOPAT的基础上计算FCF。该步又细分为两小步：一是将NOPAT调整成经营活动现金流，二是将经营活动现金流调整成FCF。

自由现金流贴现模型的估值步骤

第一步：预测未来3～5年的报表；

第二步：根据预测报表，计算预测期内的 FCF；

第三步：计算预测期之后的 FCF；

第四步：计算普通股权益的价值。

经营活动创造的价值 = 预测期内的 FCF 现值总和 +
　　　　　　　　　　预测期之后的 FCF 现值总和

普通股权益的价值 = 经营活动创造的价值 + 非经营性净资产的价值 −
　　　　　　　　　负债的价值 − 其他资本索取权的价值

| 第 5 章 |

五种模型之五：
剩余收益模型

本章将介绍现金流贴现法的五种常见的估值模型中的最后一种——剩余收益模型的估值方法。

5.1
应用的前提条件

在现实中，剩余收益模型应用得比较广泛。以剩余收益模型为基础，进一步衍生出来的一个重要估值方法是 EVA 估值法。首先，我们来了解剩余收益模型成立的前提条件——**干净盈余关系**（Clean Surplus Relationship），用数学公式表达如下：

$$B_t = B_{t-1} + E_t - D_t$$

式中，B_t 是指年末股东权益的账面价值，B_{t-1} 是指年初股东权益的账面价值，E_t 是指第 t 年获得的净利润，D_t 是指第 t 年的现金股利（分红）。

如果我们把 B_{t-1} 挪到等式的左边，可以看到，等号的左边表示的是公司年末和年初股东权益的账面价值之差，等号的右边表示的是公司当年的净利润减去分红，如下所示：

$$B_t - B_{t-1} = E_t - D_t$$

干净盈余关系其实是一种必然存在的关系。我们知道，股东权益包括四个项目，即实收资本、资本公积、盈余公积和未分配利润。其中，实收资本和资本公积都是因公司外部融资而产生的，而盈余公积和未分配利润都是因公司有盈利而产生的。盈余公积是按照公司法的规定必须留存下来的利润，而未分配利润是公司的股东决定不分配的利润。一家公司股东权益的变化主要有三个原因：第一是公司有外部融资，第二是公司有盈利或亏损，第三就是公司有分红。

根据上述公式 $B_t - B_{t-1} = E_t - D_t$，如果公司年末和年初的股东权益账面价值的变化等于当年的净利润减去当年的分红，是不是意味着该等式成立的条件为公司没有进行外部融资？事实并非如此，这里所说的分红有着更广泛的含义。分红指公司把钱分给股东，而外部融资是公司从股东那里拿到钱，因此我们完全可以把外部融资当作一个反向的分红过程。从这个角度看，因为上述公式既包含了外部融资，也包含了对股东的分红，所以这个公式包含了引起股东权益账面价值变化的三种因素。

其实在会计中，还有另外一种影响股东权益的情形，比如针对某种特定的交易行为，按照会计准则的要求，它的收益不能记入利润表，而应直接记入其他综合收益。

比如：公司接受的捐赠应该属于营业外收入，但会计准则不允许将捐赠记入营业外收入科目，因而不能记入利润表。这样就会出现收到钱但利润没有增加的情况，报表就会不平衡。怎么解决这个问题呢？由于利润在提取盈余公积、分配股利之后，会变成资产负债表上的未分配利润，最终成为股东权益，因此，为了保证最终的报表是平衡的，我们就将上述不能记入利润表的收益直接记入其他综合收益。

以上这个例子意味着，当公司接受捐赠时，干净盈余关系就不再成立。此时年末和年初股东权益账面价值的变化，就不仅仅源于当年盈利（亏损）、外部融资或者分红，还可能来源于公司接受捐赠。实际上，按照我国会计准则，确实还存在一些类似情形，即获得了收益，但不能记入收入，而应记入其他综合收益。

如果一个会计体系存在一些直接记入其他综合收益的收益项目，那么该会计体系就不满足干净盈余关系的要求。如果一个会计体系不满足干净盈余关系，是不是意味着对采用该会计体系的企业就不能使用 EVA 估值法呢？事实并非如此。在这样的会计体系下，我们在进行估值前，需要先把那些直接记入其他综合收益的收益项目调整到利润表中，来使会计信息满足干净盈余关系。这就是剩余收益模型成立的最基本的前提。

为了帮助大家理解剩余收益模型的经济含义，在接下来的一节我们将进行剩余收益模型的推导。在此之前，我们还需要掌握三个最基本的公式：

第一个是干净盈余关系下公司分红水平 D_t 的计算公式：

$$D_t = E_t - (B_t - B_{t-1})$$

第二个是重新定义**净资产报酬率**（Return on Equity，ROE）后的净利润公式。在会计上，计算净资产报酬率的方法通常是用当年的净利润除以年末股东权益的账面价值或者年初和年末股东权益账面价值的平均值，但现在我们把净资产报酬率重新定义为当年的净利润除以年初股东权益的账面价值，因此当年的净利润就为：

$$E_t = \text{ROE}_t \times B_{t-1}$$

第三个变形的公式是：

$$\frac{B_t}{1+r} = \frac{\left[(1+r) - r\right] \times B_t}{1+r} = B_t - r \times \frac{B_t}{1+r}$$

这三个公式是接下来推导剩余收益模型需要用到的三个基本公式。

5.2 剩余收益模型的经济含义

剩余收益模型的推导

剩余收益模型严谨的推导过程非常复杂,而在本书中,我们重点关注其经济含义,所以用最简化的方法来进行推导。

推导剩余收益模型的起点是股利贴现模型:

$$P_0=\sum_{t=1}^{\infty}\frac{D_t}{(1+r)^t}$$

股利贴现模型是我们理解公司价值的最基本、最直观的方式,即公司普通股的价值等于股东未来所能获得的股利的现值之和,因此,我们需要对从第一年开始到未来无穷远的股利进行贴现。根据干净盈余关系的一个变形公式,我们可以把股利表述成:

$$D_t=E_t-(B_t-B_{t-1})$$

据此,我们可以对 D_t 进行贴现,需要从 $t=1$, $t=2$, $t=3$, ⋯,一直加

到 t 等于无穷大，从而得到公司股利的现值之和。具体的推导过程如下：

$$P_0 = \sum_{t=1}^{\infty} \frac{E_t - (B_t - B_{t-1})}{(1+r)^t}$$

$$= \frac{E_1 - (B_1 - B_0)}{1+r} + \frac{E_2 - (B_2 - B_1)}{(1+r)^2} + \sum_{t=3}^{\infty} \frac{E_t - (B_t - B_{t-1})}{(1+r)^t}$$

$$= \left[\frac{E_1}{1+r} - \frac{B_1}{1+r} + B_0 - r\frac{B_0}{1+r} \right] + \left[\frac{E_2}{(1+r)^2} - \frac{B_2}{(1+r)^2} + \frac{B_1}{1+r} - r\frac{B_1}{(1+r)^2} \right] +$$

$$\sum_{t=3}^{\infty} \frac{E_t - (B_t - B_{t-1})}{(1+r)^t}$$

$$= B_0 + \frac{E_1 - r \times B_0}{1+r} + \frac{E_2 - r \times B_1}{(1+r)^2} - \frac{B_2}{(1+r)^2} + \sum_{t=3}^{\infty} \frac{E_t - (B_t - B_{t-1})}{(1+r)^t}$$

$$= B_0 + \sum_{t=1}^{\infty} \frac{E_t - r \times B_{t-1}}{(1+r)^t}$$

上述推导所得的最终公式就是剩余收益模型的一个基本形式。进一步，根据上一节中的公式 $E_t = \text{ROE}_t \times B_{t-1}$，还可以对剩余收益模型的基本形式进行变形，得到最终的估值结果：

$$P_0 = B_0 + \sum_{t=1}^{\infty} \frac{(\text{ROE}_t - r) \times B_{t-1}}{(1+r)^t}$$

式中，r 为贴现率，表示的是公司投资者的期望收益或者要求的回报率，也可以说 r 是公司使用投资者的钱所需要支付的资本成本。既然 r 是公司的预期收益率，ROE 是公司的实际收益率，而我们把实际收益与预期收益的差额叫作剩余收益，那么 $\text{ROE}_t - r$ 即为剩余收益率。剩余收益率乘以初始投资额就是我们投入这家公司的股东权益的期初余额，$(\text{ROE}_t - r) \times B_{t-1}$ 就代表了剩余收益的数额。因此，

$\sum_{t=1}^{\infty} \frac{(\text{ROE}_t - r) \times B_{t-1}}{(1+r)^t}$ 就是对公司的剩余收益进行贴现。

我们可以看到，**估值结果是由两个部分组成的，一部分是股东权益的账面价值 B_0，另一部分是公司剩余收益的贴现值**（见图5-1），这就是剩余收益模型的估值结果。

$$P_0 = B_0 + \sum_{t=1}^{\infty} \frac{(\text{ROE}_t - r) \times B_{t-1}}{(1+r)^t}$$

股东权益的账面价值　　剩余收益的贴现值

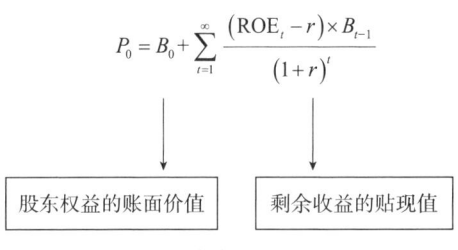

图5-1　估值结果的组成

股东权益的账面价值 B_0 的经济含义

公司的价值如果只由两部分组成，其中一部分是创造剩余收益所具有的价值，那么从逻辑上来看，另一部分就应该是拥有平均收益所具有的价值。实际上，剩余收益的贴现值就是创造剩余收益所具有的价值，因此，股东权益的账面价值 B_0 的经济含义，就是当公司只具有平均收益水平时的价值。

公司的资产都是通过一项又一项的投资形成的，公司在做每一项投资时都会进行评估，只有当项目的净现值大于0时才会投资。但即便是净现值大于0的项目，公司还是要在投资时用市场价格购买相应的设备，在历史成本体系下，设备的市场价格就作为该设备的账面价值被记录下来。设备的市场价格反映的是市场上人们使用该设备可获得平均收益时的价值。那么，资产的账面价值减去负债的账面价值，剩余部分就是股东权益的账面价值。从这个角度来说，股东权益的账面价值就反映了当公司只具有平均收益水平时所能具有的价值，即 B_0 反映的就是当公司只具有平均收益水平时的股东权益的账面价值。

剩余收益模型与自由现金流贴现模型的视角差异

在自由现金流贴现模型中，公司的价值是公司未来可能创造的所有现金流的现值之和，即将自由现金流贴现后加总就得到了整个公司经营活动所创造的总价值。在自由现金流视角下，我们是从零开始去估计公司的整体价值，忽略了公司财务报表提供的一些重要信息。

提出剩余收益模型的会计学家认为，财务报表给我们提供了很多信息，比如当公司只具有平均收益水平时所能创造的价值。所以，估计公司的价值完全没有必要从零开始，以报表为基础，只需要在平均收益的基础上调整公司的实际收益与平均收益之间的差额，就能得到公司的价值。

剩余收益模型的优势

回忆一下自由现金流贴现模型，我们用它进行估值时，首先要预测未来3～5年的自由现金流，然后笼统地假设5年以后的自由现金流以固定的增长率增长，是永续年金。有统计研究发现，我们笼统估计的部分占到了整个公司总价值的70%。也就是说，从预测报表开始，我们通过一步步仔细的运算，得到的那部分自由现金流估值只占总估值的30%，而"拍脑袋"估计的那部分占到了70%，这就使得自由现金流贴现的结果具有很大的随意性。但是，如果用剩余收益模型来进行估值，其中一部分是公司已经披露的报表信息，不用做任何估计，需要估计的只是剩余收益的部分。

表面上看，我们仍然需要对从第1年开始到未来无穷远的剩余收益进行预测，预测的工作量似乎并不比自由现金流贴现模型的少。那为什么还要使用该方法呢？因为分析剩余收益产生的原因很有必要。

明明拥有同样的资产，为什么一家公司会比另一家公司创造更高的价值？显然，不是因为资产不同，而是因为资产的使用者或者使用方式不同。具体而言，虽然两家公司的机械设备等资产一样，但其中一家公司可能技术水平更高从而成本更低，或是公司品牌形象更好从而产品售价更高，或是销售能力更强从而充分利用了设备的产能，所以它能够创造更高的价值。这种技术水平高、品牌形象好、销售能力强等就是公司的竞争优势。也就是说，**剩余收益的根本来源是公司的竞争优势**。

一家公司的竞争优势是不可能永远保持不变的。在竞争的环境下，公司的竞争优势会逐渐丧失，这也意味着公司价值中剩余收益的部分会随着时间的流逝越来越小。有人通过统计分析发现，在用剩余收益模型进行估值时，估不准的部分对整个估值结果的影响是比较小的，大约只占30%，而估得较准的部分大约占到70%。鉴于此，剩余收益模型估值法对我们预测未来的依赖程度相对更小一些，这也是为什么虽然看上去剩余收益模型与自由现金流贴现模型没有多大区别，但实际上它们是基于两种完全不同视角的估值方法。

5.3 EVA估值法

剩余收益模型与自由现金流贴现模型的估值步骤都是首先估计企业的整体价值,然后推算出普通股权益的价值。为什么这样做呢?因为用剩余收益模型进行估值时,并不需要从零开始预测公司的报表等信息,完全可以借用在自由现金流贴现模型的计算中已经预测出来的信息,稍做调整就可以了。也正是因为这个原因,在现实中使用的以剩余收益模型为基础的估值方法,也叫作 EVA 估值法。

EVA 估值法的基本公式是:

$$普通股权益的价值 = \text{OPNA}_0 + \sum_{t=1}^{\infty} \frac{\text{NOPAT}_t - r \times \text{OPNA}_{t-1}}{(1+r)^t} +$$
$$非经营性净资产的价值 - 负债的价值 -$$
$$其他资本索取权的价值$$

式中,我们用**经营性净资产**(Operating Net Assets,OPNA)替代了普通股股东权益的账面价值 B_0,OPNA_0 代表了经营性净资产的账面价值,$\sum_{t=1}^{\infty} \frac{\text{NOPAT}_t - r \times \text{OPNA}_{t-1}}{(1+r)^t}$ 代表了经营活动创造的剩余收益的贴现值,

二者之和为经营活动创造的价值。需要注意的是，上式中的贴现率与对股权进行估值时的贴现率不同：对股权进行估值时，使用的贴现率是权益资本成本；而对企业整体进行估值时，使用的是 WACC。此外，我们还要预测每一期的 OPNA 和 NOPAT。实际上，在自由现金流贴现的过程中，我们已经计算出了 NOPAT，所以这里只需要估计 OPNA 即可。

经营性净资产

在介绍使用 EVA 估值法的具体操作之前，我们先来了解一下经营性净资产的概念。

一家企业会有两种投资人——债权人和股东。债权人的投资并不是企业所有的负债，因为企业可以从很多渠道筹钱，比如借银行的、欠供应商的、欠员工的、欠税务局的，等等。银行借钱给企业是为了获得利息，确实是公司的投资人，但是供应商、员工和税务局等让企业欠债并不是为了获得利息收益，对于这部分负债，企业也不需要支付利息。因此，投资资本只包括有息负债，而不包括无息负债。投资资本又包括经营性净资产和非经营性净资产，它们的关系如表 5-1 所示。

表5-1 经营性净资产的计算方法

经营性流动资产-无息负债 =经营性流动资金（1）	所有者权益+递延所得税+有息负债（3）

（续）

固定资产净额+其他经营性资产 =经营性资本投资（2）	金融资产+商誉+非经营性投资 =非经营性净资产（4）
（1）+（2）=经营性净资产	（3）-（4）=经营性净资产

资产负债表的左边是资产，右边是负债和所有者权益。如果我们把资产负债表做个变形，把负债分成有息负债和无息负债两部分，然后把无息负债部分挪到左边，就得到：

$$资产 - 无息负债 = 有息负债 + 所有者权益$$

从表 5-1 中可以看出，计算经营性净资产，右边的方法更为简便。先是所有者权益加上递延所得税和有息负债。虽然递延所得税不需要支付利息，但它同样可能会产生负债。对企业来说，递延所得税资产未必能收回，递延所得税负债也未必需要支付，所以要对这部分进行调整。然后再减去非经营性净资产，就得到了经营性净资产。

计算预测期内的经营性净资产

接下来，我们要计算每一期的经营性净资产，即 OPNA。通过公司披露的资产负债表，我们可以计算出 OPNA 的期初余额。在这个期初余额的基础上，我们只需计算出 OPNA 每期的变化值，就可以得到每期 OPNA 的期末余额。OPNA 每期的变化值就等于 NOPAT 和 FCF 的差，为什么呢？因为从 NOPAT 到 FCF，需要调整折旧、递延所得税、资本性支出等项目，而这些项目都是源于 OPNA 的变化。

OPNA 的期初余额加上 NOPAT，再减去 FCF，就是期末余额，也就是下一期的期初余额。同理，用下一期的 NOPAT 和 FCF 得出的差值，就是下一期的变化值，可以计算出下一期 OPNA 的期末余额。依此类推，我们就可以得到每一期 OPNA 的期末余额。

$$OPNA_{t-1} + NOPAT_t - FCF_t = OPNA_t$$

计算剩余收益

接下来，需要确定贴现率——加权平均资本成本，即 WACC，具体的计算方法已经在第 1 章中介绍过，此处就省略了。

剩余收益等于实际收益减平均收益。实际收益的数额是 NOPAT，预期最低收益率是 WACC，平均收益就是 OPNA 的期初余额乘以 WACC。据此，我们可以推算出每一期的剩余收益。

$$剩余收益 = NOPAT_t - OPNA_{t-1} \times WACC$$

计算剩余收益创造的价值及后续估值步骤

对每一期的剩余收益贴现后加总，就得到了创造剩余收益部分的价值。假设我们计算出了前 3 年的剩余收益，就能得到前 3 年创造剩余收益部分的价值以及 OPNA 的账面价值。但是，现在还缺少从第 4 年开始的创造剩余收益部分的价值。对此，我们可否像自由现金流贴现模型那样假设剩余收益也保持某个稳定的增长率呢？没那么简单。

通常来说，从第 4 年开始，对于剩余收益的变化规律有三种假设。

第一种，假设从第 4 年开始，公司新增投资的净现值都是 0。

第二种，假设从第 4 年开始，公司所有剩余收益都是 0。虽然净现值是 0 就意味着剩余收益是 0，这两种假设看上去一样，实际上却不同。

第一种假设是，从第 4 年开始，新增投资的净现值是 0，而原有已投资的项目创造的剩余收益仍然会继续存在；第二种假设是，从第 4 年开始，无论是新增投资还是已有投资，剩余收益都是 0，原来能够创造剩余收益的投资，到第 4 年也都突然不再创造剩余收益了。显然，第二种假设不太符合现实。

第三种，假设剩余收益像永续年金一样永远保持不变，甚至保持稳定的增长率。这种假设也不太符合现实，因为剩余收益是由公司的竞争优势产生的，公司的竞争优势不会一直存在。

因此，一个比较合理的假设是，从第 4 年开始，公司原有的投资仍然保持过去的剩余收益率，但是新增的投资不再创造新的剩余收益。在此假设下，第 N 年以后的剩余收益的贴现值可以用下式来计算：

$$\text{PERP} = \frac{\text{RI}_{N+1} - \left[\text{OPNA}_{N+1} - (1+g) \times \text{OPNA}_N\right]}{(r-g) \times (1+r)^N}$$

式中，RI 是剩余收益，OPNA 是经营性净资产，g 是剩余收益的增长率，r 是贴现率。

$\dfrac{\text{RI}_{N+1} - \left[\text{OPNA}_{N+1} - (1+g) \times \text{OPNA}_N\right]}{r-g}$ 是第 N 年以后的剩余收益贴

现到第 N 年末的结果，要贴现到第 1 年初，还必须再除以 $(1+r)^N$。

根据这个公式，我们就可以计算出从第 4 年开始到未来无穷远年份的剩余收益贴现后加总的价值。然后，我们将 OPNA 的期初余额、预测的前 3 年剩余收益贴现值的和、从第 4 年开始的剩余收益的总现值这三个部分相加，就得到了公司经营活动所创造的价值。

这个价值再加上非经营性净资产的价值，就得到了公司的整体价值。用公司的整体价值减去负债的价值和其他资本索取权的价值，剩余部分就是普通股权益的价值。用普通股权益的价值除以普通股的股数，就可以得到每股的估值。

以上就是 EVA 估值法的估值过程。接下来，我们将结合具体的实例，来应用这一模型进行估值。

5.4
估值的实战练习

扫描下载Excel实战练习表格，选择工作表"5.4 估值的实战练习"

在本节中，我们将介绍一个用剩余收益模型估值的实例。现实中，用剩余收益模型估值需要运用现金流贴现模型估值过程中的一些阶段性计算结果，比如 NOPAT 和 FCF，因而会同时使用这两种估值模型。

在用剩余收益模型进行估值时，经营活动创造的价值由三部分组成：第一部分是经营性净资产的期初余额，第二部分是预测期内剩余收益现值的总和，第三部分就是永续年金期间剩余收益的现值总和。

步骤1：计算经营性净资产的期初余额

首先，我们来计算经营性净资产的期初余额，即 $OPNA_{t-1}$。

因为经营性净资产包括公司的有息负债和股东权益，我们可以查询公司的原始财务报表，将短期借款、一年内到期的非流动负债以及其他非流动负债相加，就得到了公司的有息负债；将有息负债加上所有者权益，就得到了 $OPNA_{t-1}$。

接下来，我们根据 $OPNA_{t-1}$ 来计算其期末余额 $OPNA_t$。其实只要预测出 NOPAT 和 FCF，计算就变得非常简单了：

$$OPNA_t = OPNA_{t-1} + NOPAT_t - FCF_t$$

如果只预测一年的，按照以上公式就能得到经营性净资产的期末余额。如果预测若干年，由于经营性净资产本期的期末余额就是下一期的期初余额，所以可按此公式不断地计算出每年经营性净资产的期末余额。

步骤2：计算预测期内剩余收益现值的总和

在本案例中，期望收益率 WACC 约为8%，用经营性净资产的期初余额 $OPNA_{t-1}$ 乘以 WACC，就得到了平均收益。用实际收益 NOPAT 减去平均收益，就得到了剩余收益。

$$剩余收益 = NOPAT_t - OPNA_{t-1} \times WACC$$

从表5-2可以看出，公司20*5年的剩余收益是负数，说明公司虽然有正的净利润，但是实际上并没有真正为股东挣到钱，而是让股东赔钱了。

表5-2　20*5年的剩余收益　　　　　　　　　　单位：万元

项目	金额
$OPNA_{t-1}$	1 387 090
NOPAT	86 524
FCF	−6 325

（续）

项目	金额
OPNA$_t$	1 479 939
期望收益率（WACC）	8%
平均收益	110 967
剩余收益	−24 444

同理，我们可以预测未来 5 年的剩余收益。为了简化预测过程，我们使用了估计值，通过表 5-3 展示下一个步骤的计算逻辑。

将未来 5 年剩余收益的预测值除以各年的贴现因子，就得到了每年剩余收益的现值。将这 5 年的现值相加，就得到了预测期内剩余收益现值的总和。

表5-3　预测期内剩余收益现值的总和　　　　单位：万元

项目	20*5年	20*6年	20*7年	20*8年	20*9年
剩余收益	−24 444	−26 889	−29 578	−7 972	−7 649
期望收益率（WACC）	8%				
贴现因子	1.08	1.1664	1.259712	1.36048896	1.469328077
剩余收益的现值	−22 633	−23 053	−23 480	−5 860	−5 206
预测期内剩余收益现值的总和	−80 232				

步骤3：计算永续年金期间剩余收益现值的总和

我们假设，从第 6 年开始，公司原有的剩余收益还会延续，但是新增的投资就不会再创造新的剩余收益了。因此，我们可以用以下公式来计算永续年金期间剩余收益的现值：

$$PERP = \frac{RI_6 - \left[OPNA_6 - (1+g) \times OPNA_5\right]}{(r-g) \times (1+r)^5}$$

假设我们已经通过之前的步骤计算出 $OPNA_5$=1 920 086 万元，$OPNA_6$=1 935 176 万元，20*9 年（第 5 年）的剩余收益 =−7 649 万元，20*0 年（第 6 年）的剩余收益 =−6 875 万元，贴现率 r=8%，剩余收益的增长率 g=3%。那么，永续年金期间剩余收益的现值总和就为

$$PERP = \frac{-6\ 875 - \left[1\ 935\ 176 - (1+3\%) \times 1\ 920\ 086\right]}{(8\% - 3\%) \times (1+8\%)^5} = 571\ 792 \text{（万元）}$$

步骤4：计算普通股权益的价值

将前面三个步骤的计算结果加总，即将经营性净资产的期初余额、预测期内剩余收益现值的总和、永续年金期间剩余收益现值的总和加总，就得到了经营活动创造的价值。

假设公司没有非经营性资产，也没有像优先股之类的资本索取权，公司的整体价值减去报表中的债务账面价值，就得到了普通股权益的价值（见表5-4）。

表5-4　普通股权益的价值　　　　　　　　　　　　　　　　单位：万元

项目	金额
经营性净资产的期初余额$OPNA_{t-1}$	1 387 090

(续)

项目	金额
+预测期剩余收益现值的总和	−80 232
+永续年金期间剩余收益现值的总和	571 792
+非经营性净资产的价值	0
=公司的整体价值	1 878 650
−负债和其他资本索取权的价值	924 771
=普通股权益的价值	953 879

如果要得到每股的估值，则可以用普通股权益的价值除以普通股的股数。以上就是剩余收益模型的估值实例。

在现实中，如果通过不同的估值方法计算出的结果差距很大，比如按照自由现金流贴现模型和剩余收益模型计算出来的普通股权益价值差别大，那么，需要反思估值过程中的计算是否合理，并进行调整，尽量使得两种不同的方法得到的数额较为接近。本书的主要目的是帮助大家了解各种方法的逻辑，所以就不再进行后续的调整了。

5.5
自由现金流贴现模型和EVA估值法的应用范围

五种常见的估值模型中，股利贴现模型、权益现金流贴现模型和调整后的现值模型这三种方法在实际中用得很少，真正应用广泛的是自由现金流贴现模型和 EVA 估值法。在实操中，这两种方法有很多相互借用的情形，面对真实的估值需求，到底应该如何选择呢？这两种方法各自的适用范围如何呢？

自由现金流贴现模型的适用范围

自由现金流贴现模型对未来的预测有很高的要求，我们"拍脑袋"决定的那部分永续年金实际占到了总估值结果的 70%。但事实上，我们仍然希望"拍脑袋"决定的部分是相对准确的。也就是说，我们期望未来的自由现金流会保持稳定的水平或稳定的增长是一个相对符合实际的情况，这在什么样的行业里才会真实存在呢？在相对稳定增长的行业，这种估计是比较可靠的，但在一些高速增长或衰退的行业，这种估计可能就会大大地脱离实际。

EVA 估值法的适用范围

EVA 估值法有一个适用条件，即会计体系需要满足干净盈余关系。但是对于不满足该条件的会计体系，并不意味着就不能使用 EVA 估值法，我们需要把直接记入其他综合收益的收益项目调整到利润表中，调整后就可以使用 EVA 估值法了。

此外，EVA 估值法对预测未来的依赖性并没有那么强。如果我们很谨慎地预测了前 3 年的剩余收益，并假设从第 4 年开始新增投资的净现值为 0，而原有投资产生的剩余收益还会保持增速 g，虽然这种假设不一定完全符合实际情况，但是这部分在整个估值结果中所占的比重相对较小，即使不十分准确，也不会对估值结果造成巨大影响。从这个角度来说，EVA 估值法的适用范围更广，尤其在一些不适合采用自由现金流贴现模型的时候，更能发挥作用。

EVA估值法的估值步骤

第一步：预测 NOPAT 和 FCF；

第二步：计算经营性净资产的期初余额、预测期内各年经营性净资产的期末余额：

$$OPNA_t = OPNA_{t-1} + NOPAT_t - FCF_t$$

第三步：计算预测期内各年的剩余收益：

$$剩余收益 = NOPAT_t - OPNA_{t-1} \times WACC$$

第四步：计算预测期内剩余收益现值的总和；

第五步：计算永续年金期间剩余收益现值的总和：

$$PERP = \frac{RI_{N+1} - \left[OPNA_{N+1} - (1+g) \times OPNA_N\right]}{(r-g) \times (1+r)^N}$$

第六步：计算普通股权益的价值：

公司总价值 = 经营性净资产的期初余额 +
　　　　　预测期内剩余收益现值的总和 +
　　　　　永续年金期间剩余收益现值的总和

普通股权益的价值 = 公司的整体价值 −
　　　　　负债的价值和其他资本索取权的价值

第6章

乘数法估值

6.1
找一个参照对象来估值

我们已经介绍了估值的第一种思路,即现金流贴现法,但它的过程比较复杂、烦琐。接下来,我们将介绍另外一种估值的思路——乘数法估值。

乘数法的逻辑特别简单。如果有可比公司,就可以在很短的时间内估计出待估公司的股价。在介绍乘数法之前,我们来了解几个最基本的概念。

第一个概念是**每股收益**(Earnings per Share,EPS)。用公司利润表上的净利润除以公司发行在外的普通股股数,就是每股股票对应的净利润。

$$EPS = \frac{净利润}{发行在外的普通股股数}$$

第二个概念是**市盈率**(Price Earnings Ratio,PE)。市盈率是用每股股票的价格除以每股收益,体现了每1元净利润对应的股价。

$$PE = \frac{每股股价}{每股收益}$$

如果某公司股票的市盈率是 20 倍，即其股价是每股收益的 20 倍，这意味着现在花 20 元购买该公司的股票，其 EPS 是 1 元，也意味着如果该公司的净利润保持不变，我们则需要 20 年的时间才能把买股票的 20 元收回。

因为每家公司未来预期的每股收益不同，所以每家公司的市盈率也不同。比如，虽然两家公司现在的每股收益都是 1 元，但是其中一家公司的每股收益以每年 50% 的速度增长，而另外一家公司的每股收益保持一个稳定值。在这种情况下，如果买了第一家公司的股票，实际收回投资的时间就不是 20 年，而会大大地缩短。也正因为如此，市场会给第一家公司更高的估值，这体现为更高的市盈率。

第三个概念是**市净率**（Price To Book Ratio，PB）。衡量公司估值水平的指标除了市盈率外，还有市净率。

$$PB = \frac{每股股价}{每股股东权益的账面价值}$$

股东权益又称为净资产，用净资产总额除以普通股股数，就得到了每股净资产，即每股股东权益的账面价值。用每股股价除以每股股东权益的账面价值就是市净率。

在用乘数法进行估值时，我们将会用到这三个最基本的概念。那么，乘数法估值到底是如何进行的呢？**最常用的方法就是用市盈率来进行估值。**简单地说，要估计一家公司的股价，就要找一家**可比公司**

或者一组可比公司，再用待估公司的每股收益去乘以这家或这组可比公司的市盈率，就得到了待估公司的每股股价。

待估公司的每股股价=可比公司的市盈率×待估公司的每股收益

这个方法看似非常简单，但在实际操作中需要非常多的前提假设，如果使用不当，还可能产生很多错误。

6.2
对参照对象的要求：可比性

乘数法估值的逻辑是，只要找到可比公司的市盈率，就可以非常轻松地估算出目标公司的股价。例如，如果我们用谷歌作为百度的可比公司，假设谷歌现在的市盈率是 30 倍，百度的每股收益是 5 元，那么百度的每股股价就是 150 元。

为什么要找可比公司

乘数法的估值过程虽然非常简单，但它同样源自现金流贴现法。它是对现金流贴现法进行了非常多的假设后简化而成的形式，所以要想估值可靠，背后的假设就必须基本可靠。如果找的可比公司不具有可比性，就会造成巨大的估值误差。

［例 6-1］表 6-1 中有两家可比公司，其中一家公司的每股股价是 30 元，每股收益是 1.5 元，市盈率是 20 倍；另一家公司的每股股价是 63 元，每股收益是 3 元，市盈率是 21 倍。

表6-1 两家可比公司的乘数法估值

	每股股价（元）	每股收益（元）	市盈率
Admms Company	30	1.5	20
Munster. lnc.	63	3	21
市盈率平均值	20.5		
目标公司每股收益（元）	10		
目标公司每股股价（元）	205		

如果以这两家公司作为可比组来给目标公司估值，则这个可比组的平均市盈率为：

$$\frac{20+21}{2}=20.5$$

假设目标公司的每股收益是10元，则目标公司的每股股价就为：

$$10 \times 20.5 = 205（元）$$

但现在假设有第三家公司（见表6-2），它的每股股价是45元，每股收益是1元，即市盈率是45倍。

表6-2 三家可比公司的乘数法估值

	每股股价（元）	每股收益（元）	市盈率
Admms Company	30	1.5	20
Munster. lnc.	63	3	21
Three Stooges co.	45	1	45
市盈率平均值	28.667		

	每股股价（元）	每股收益（元）	市盈率
目标公司每股收益（元）		10	
目标公司每股股价（元）	286.67		

如果该公司与前两家公司不可比，但我们错误地把它当作一个可比公司，将其纳入可比组中计算平均市盈率为：

$$\frac{20+21+45}{3}=28.667$$

若基于此可比组的平均市盈率，则估计出来的目标公司的每股股价将为：

$$10 \times 28.667 = 286.67（元）$$

显然，这与205元的估值结果相去甚远。造成这样的估值误差，是因为我们错把不可比公司当成了可比公司。**在进行乘数法估值时，找到真正可比的公司至关重要。**

什么样的公司才可比

任何两家公司都存在着巨大的差异，那么究竟需要两家公司在哪些方面具有可比性呢？现金流贴现法估值的基本思路是对未来的收益进行贴现。事实上，公司每年的收益都是不一样的，但如果公司未来每年的每股收益都保持一个稳定的增长率 g，贴现率为 r，那么贴现结果就可以简化成：

$$E^* + \frac{E^* \times (1+g)}{1+r} + \frac{E^* \times (1+g)^2}{(1+r)^2} + \frac{E^* \times (1+g)^3}{(1+r)^3} + \cdots = \frac{E}{r-g}$$

式中，$E = E^* \times (1+g)$，即下一年的每股收益为 E。

此时，我们可以计算市盈率：

$$PE = \frac{1}{r-g}$$

如果两家公司直接用 PE 来估值，需要很多前提假设。首先，两家公司每股收益的含义应该相同，这意味着它们是用同样的计算方法得到的；其次，两家公司未来的发展前景和风险水平一样，这样才能使得其贴现率 r 是可比的；最后，两家公司的增长前景也是可比的，这样才能保证它们的每股收益增长率 g 是可比的。

两家公司的可比性如何保障

两家公司的可比性如何来保障呢？如图 6-1 所示。

首先，要使两家公司的每股收益具有相同的含义，那么这两家公司应该具有相似的业务，所以我们通常会选择同行业的公司作为可比公司。

其次，要保证获得每股收益的会计核算方法是可比的。

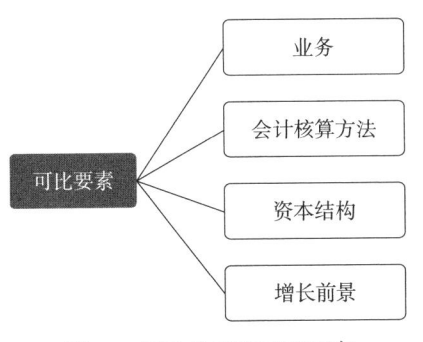

```
可比要素 ──┬── 业务
           ├── 会计核算方法
           ├── 资本结构
           └── 增长前景
```

图6-1 可比公司的可比要素

再次，为了保证贴现率 r 的可比性，两家公司应具有相似的风险水平。因为风险受行业和负债率的影响，所以，除了要保证是同行业之外，还要求两家公司具有相似的资本结构。

最后，为了保证增长率 g 的可比性，两家公司应具有相似的增长前景。虽然两家公司在同一个行业，但是如果一家公司处于初创阶段，而另一家公司已经进入成熟阶段，就未必具有相似的增长前景。因此，还要求同行业的两家公司处于相似的成长阶段。

在现实中，如果我们要求可比公司与待估公司处于同一行业且业务相似、会计核算方法相同、资本结构相似、所处生命周期相似，最终恐怕根本找不到任何可比公司，乘数法估值也就完全行不通。

既然不可能找到各个方面都可比的公司，那我们该如何使用乘数法进行估值呢？接下来，我们将具体分析在各种不可比的情况下，应该使用怎样的方法来解决不可比的问题。

6.3 增长率不同时,怎么估值

在不同增长率条件下,公司的实际市盈率差异很大,而且**市盈率的差异会随着增长率的提高越来越大**。比如表 6-3 展示了某公司测算的增长率和市盈率情况。当增长率不可比时,我们不能简单地用乘数法进行估值。

表 6-3 不同增长率条件下,公司的实际市盈率

增长率	市盈率
10%	13.8
20%	18.6
30%	24.7
40%	32.3
50%	41.6
60%	52.9

[例 6-2] 已知有两家公司,其中一家公司的增长率是 10%,另

外一家公司的增长率是30%。显然，它们的市盈率差异很大。根据表6-3，增长率为10%的公司市盈率是13.8，而增长率为30%的公司市盈率是24.7。如果错把增长率为10%的公司当作增长率为30%的公司的可比公司，那么我们就会误用13.8的市盈率来对目标公司进行估值，结果将是大大低估了目标公司的股价。

在现实中，有些简单可行的方法，虽然从数学推导上来说不一定严谨，但确实能极大地简化工作，并帮助我们得到一个相对可信的估值结果。对于增长率不可比的情况，我们用PEG来代替PE进行估值。PEG指的是PE与公司增长率之比。

$$\text{PEG}_{COMP} = \frac{\text{PE}_{COMP}}{g_{COMP} \times 100}$$

式中，下标 COMP 代表可比公司。

用PEG进行估值的做法是，用可比公司的PEG乘以目标公司的增长率 g_{TARGET}，再乘以目标公司的 EPS_{TARGET}，即得到目标公司的估计股价。

$$P_{TARGET} = \text{PEG}_{COMP} \times g_{TARGET} \times 100 \times \text{EPS}_{TARGET}$$

式中，下标 TARGET 代表目标公司。

［例6-3］如表6-4所示，目标公司的EPS是2.5元，增长率是30%，假设有一家可比公司在增长率上与目标公司不可比，该可比公司

的 EPS 是 4 元，增长率是 20%，当前股价是 74.4 元。

表6-4　目标公司与可比公司的信息-1

	EPS（元）	g	P（元）	PE	PEG
可比公司	4	20%	74.4	18.6	0.93
目标公司	2.5	30%			

可比公司的 PE 和 PEG 分别是：

$$PE=74.4 \div 4=18.6$$

$$PEG=18.6 \div 20=0.93$$

如果用 PE 来估值，则目标公司的股价是：

$$18.6 \times 2.5=46.5（元）$$

但如果用 PEG 来估值，则目标公司的股价是：

$$0.93 \times 30 \times 2.5=69.75（元）$$

显然，这两个估值存在着巨大的差异。

事实上，一家拥有 20% 增长率的公司和一家拥有 30% 增长率的公司的 PE 有很大的差异，如果简单地用 PE 进行估值，其结果是大大低估了高增长率公司的股价，这时用 PEG 进行估值，就可以在一定程度上解决低估的问题。但并不是说任何时候都要用 PEG 来代替 PE。

［例 6-4］如表 6-5 所示，有两家公司，可比公司的增长率是 2%，PE 是 10.8，PEG 是 5.4，目标公司的增长率是 5%，PE 是 11.8，EPS

是 1 元。很显然，可比公司与目标公司的增长率存在显著差异，即目标公司的增长率是可比公司的 2.5 倍。

表6-5 目标公司与可比公司的信息-2

	g	PE	PEG
可比公司	2%	10.8	5.4
目标公司	5%	11.8	

如果我们不用 PE 而用 PEG 来估值，则目标公司的股价是：

$$5.4 \times 5 \times 1 = 27（元）$$

但实际上，目标公司的 EPS 是 1 元，实际 PE 是 11.8，其实际股价是 11.8 元，27 元的估值大大偏离了实际股价。

如果我们还是用 PE 来估值，则目标公司的股价就是：

$$10.8 \times 1 = 10.8（元）$$

显然，PE 的估值结果 10.8 元和实际股价 11.8 元更为接近。

通过这两个例子我们发现，并不是只要两家公司的增长率存在差异，就要使用 PEG 来代替 PE 进行估值。事实上，**只有当一家公司处在两位数以上增长率的高增长阶段，同时可比公司和目标公司存在着巨大增长差时，我们才需要使用 PEG 来替代 PE 估值**。相反，如果两家公司都处在只有个位数增长率的低增长阶段时，即便两家公司的增长率存在比较大的差异，我们也没必要用 PEG 来代替 PE 估值，此时使用 PE 的估值结果反而更准确。

6.4 负债率不同时，怎么估值

由于财务杠杆不仅会影响公司的风险，还会影响公司的税收（公司在税前支付越多的财务费用，需要交的所得税费用反而越少，即利息有税盾作用），所以我们在进行乘数法估值时，一般要求可比公司与目标公司的财务杠杆可比。那么，对于财务杠杆不可比的情形，我们该怎么处理呢？

我们一般用**无杠杆税前市盈率**来代替原来的市盈率进行估值。既然两家公司的财务杠杆不可比，那么我们将其恢复到没有杠杆的状态，就不存在杠杆不可比的问题，即假设没有杠杆时，公司的市盈率是多少。因为在没有杠杆和有杠杆的状态下，公司的所得税费用不同，所以这里需要使用税前的市盈率，即用税前的利润来计算市盈率。

用无杠杆税前市盈率进行估值的公式

用无杠杆税前市盈率进行估值的公式为：

$$\text{COMEQUITY}_{TARGET} = \text{PE}^*_{U,COMP} \times \text{EBIT}_{TARGET} - \text{DEBT}_{TARGET} \times (1-\tau^*)$$

式中，$\text{COMEQUITY}_{TARGET}$ 代表目标公司的权益总市值，$\text{PE}^*_{U,COMP}$ 代表可比公司的无杠杆税前市盈率，EBIT_{TARGET} 代表目标公司的息税前利润，$\text{DEBT}_{TARGET} \times (1-\tau^*)$ 代表调整后的负债。

常规的市盈率估值是用可比公司的市盈率乘以目标公司的每股收益，但需要注意的是，用无杠杆税前市盈率进行估值不能直接用可比公司的无杠杆税前市盈率 $\text{PE}^*_{U,COMP}$ 乘以目标公司的每股收益。因为无杠杆公司的利润和有杠杆公司的利润不一样，无杠杆公司没有利息支出，所以这时使用的是支付利息和所得税之前的利润，即**息税前利润**（Earnings Before Interest and Tax，EBIT，又叫息税前收益）。如何计算息税前收益呢？直接用公司的净利润加回所得税费用和利息费用，就可得到息税前收益。

我们用可比公司的无杠杆税前市盈率 $\text{PE}^*_{U,COMP}$ 乘以目标公司的息税前收益 EBIT_{TARGET} 就得到了目标公司无杠杆时的估值。然而，现实中的公司并不是无杠杆的，所以假设的无杠杆公司的估值还要扣除负债才能得到权益价值的估值。在这里，我们不能直接扣减负债本身，而要扣减调整后的负债。

所谓调整后的负债，即 $\text{DEBT}_{TARGET} \times (1-\tau^*)$，其中，

$$1-\tau^* = \frac{(1-t_c) \times (1-t_e)}{1-t_d}$$

式中，t_c 是公司的边际所得税税率，t_e 是股东的边际所得税税率，t_d 是债权人的边际所得税税率。

在实际操作过程中，我们该如何得到 $1-\tau^*$？在中国，由于还没有对股票投资的资本利得进行征税，所以在计算分子中的 $1-t_e$ 时，我们通常只需要考虑个人投资者在分红时所交纳的个人所得税，中国目前股票分红的个人所得税税率是 20%。在分母 $1-t_d$ 中，个人投资者获得利息时所需要交纳的个人所得税税率也是 20%，分子分母抵消后，我们可以用直接用 $1-t_c$ 来代替 $1-\tau^*$。目前，大多数公司的所得税税率是 25%，所以 $1-\tau^*$ 就大约为 0.75。

用无杠杆税前市盈率进行估值的步骤

［例 6-5］如表 6-6 所示，有两家公司，其负债水平不一样，一家公司的债务是 4 000 万元，权益的市值是 6 560 万元，资本总额是 10 560 万元，息税前利润是 1 000 万元；另一家公司的债务是 200 万元，权益的市值是 828 万元，资本总额是 1 028 万元，息税前利润是 100 万元。显然，第二家公司比第一家公司的负债水平要低，假设两家公司的负债利率都是 6%，所得税税率也都是 35%。

表6-6 无杠杆税前市盈率估值案例

	可比公司（第一家公司）	目标公司（第二家公司）
债务（万元）	4 000	200
权益（万元）	6 560	828
总资本（万元）	**10 560**	**1 028**
利率	6%	6%
所得税税率	35%	35%
息税前利润（万元）	1 000	100
利息（万元）	240	12
税前利润（万元）	**760**	**88**
所得税费用（万元）	266	30.8
净利润（万元）	**494**	**57.2**
标准（权益）市盈率	13.28	14.48
税前权益市盈率	8.63	9.41
债务×（1-τ^*）（万元）	3 440	172
权益（万元）	6 560	828
无杠杆总资本（万元）	**10 000**	**1 000**
息税前利润（万元）	1 000	100
无杠杆税前市盈率	10	10

两家公司需要支付的利息，第一家公司为4 000×6%=240（万元），第二家公司为200×6%=12（万元）。

两家公司的税前利润，第一家公司为1 000-240=760（万元），第二家公司为100-12=88（万元）。

两家公司需要交纳的所得税费用，第一家公司为760×35%=266（万元），第二家公司为88×35%=30.8（万元）。

两家公司的净利润，第一家公司为760-266=494（万元），第二家公司为88-30.8=57.2（万元）。

两家公司的市盈率，第一家公司为6 560÷494=13.28，第二家公司为828÷57.2=14.48。

这两家公司的市盈率是不相等的。如果我们没有考虑这一因素而直接用第一家公司作为可比公司来估计第二家公司的市值，就会用比目标公司真实市盈率要低的可比公司市盈率13.28来估值，从而低估了目标公司的价值。

如果我们用**税前权益市盈率**，是不是能够解决这个问题呢？税前权益市盈率就是用税前利润来计算市盈率。则两家公司的税前权益市盈率，第一家公司为6 560÷760=8.63，第二家公司为828÷88=9.41。

我们发现，即便是用税前利润来计算市盈率，两家公司的市盈率仍然不相等。所以在这种情况下如果我们错误地认为两家公司可比，用第一家公司的税前权益市盈率来计算第二家公司的股价，同样会低估。

如果我们用无杠杆税前市盈率来进行估值呢？在计算无杠杆税前市盈率时，我们需要用无杠杆公司的权益总市值除以息税前收益。对于第一家公司，如果我们假设其为无杠杆公司，那么第一家公司的权益总市值保持不变，仍然是6 560万元，但是我们需要把债务部分转化成调整后的负债，即 $DEBT_{TARGET} \times (1-\tau^*)$。假设 τ^* 是14%[⊖]，那么调整

⊖ 美国大约为14%，在本案例中我们以14%为例来展示计算过程。

后的债务是：
$$4\,000\times(1-14\%)=3\,440（万元）$$
它的无杠杆总资本是：
$$3\,440+6\,560=10\,000（万元）$$

同理，我们可以计算出第二家公司调整后的债务是172万元，它的无杠杆总资本是1 000万元。因此，我们可以计算出两家公司的无杠杆税前市盈率都是10倍，即第一家公司为10 000÷1 000=10，第二家公司为1 000÷100=10。

此时，把第一家公司作为可比公司，把第二家公司作为目标公司，估值的结果就不会产生误差了。

从上例可以看出，要计算无杠杆税前市盈率，需先把公司假设为无杠杆公司，然后在调整债务后再加上原来的权益市值，即得到无杠杆公司的资本总价值，再除以公司息税前利润，就得到了无杠杆税前市盈率。

如何用无杠杆税前市盈率进行估值呢？我们沿用上述例子。

如果我们用普通的市盈率进行估值，则可计算出第二家公司的权益价值为：
$$13.28\times57.2=760（万元）$$

事实上，第二家公司真实的权益市值是828万元，显然低估了。如果我们用税前权益市盈率进行估值，则第二家公司的权益价值为：
$$8.63\times88=759（万元）$$

这个估值仍然和公司真实的权益市值828万元存在较大差异。最后，我们用无杠杆税前市盈率进行估值，则第二家公司的权益价值为：
$$10\times100-200\times(1-0.14)=828（万元）$$
这与第二家公司真实的权益市值是完全吻合的。

所以，无杠杆税前市盈率能够解决在财务杠杆不可比的情况下，用普通市盈率进行估值造成的低估或高估问题。用无杠杆税前市盈率来进行估值，其关键点是如何计算无杠杆税前市盈率以及如何对债务数额进行调整。

6.5
核算方法不同，亏损、多元化的公司，怎么估值

除了增长率不可比、财务杠杆不可比这两种情形，还有一些其他要素不可比的情形和一些特殊的问题，本节将讨论在这些情况下如何用乘数法进行估值。

会计核算方法不可比时的估值

在用乘数法估值时，之所以要求可比公司和目标公司的会计核算方法可比，是因为要使收益在目标公司和可比公司之间具有相同的含义，那么创造收益的业务应具有可比性，计算收入、利润的过程也应该是可比的。然而，现实中不可避免地会遇到在行业、增长率和财务杠杆可比之后，在会计核算方法上不可比的情况，这时应该如何处理呢？

最简单的方法就是把两家公司的会计核算方法调整成一致的。也就是说，我们按照一家公司的会计核算方法来重新核算另一家公司的利润。这是一个非常复杂的过程，特别是对于会计信息的外部使用者来说，这个调整简直难以实现。实际操作中，我们有更简单的办法来

应对会计核算方法不可比的情况。

常规的市盈率估值方法需要用到利润表的最终结果，即净利润，利润表中任何一个项目的会计核算方法不同，最终的净利润都极有可能不同，可以说，净利润对会计核算方法最为敏感。而利润表中的有些项目却对会计核算方法并不敏感，比如**营业收入**，它只受收入确认方法的影响，不受其他会计核算方法的影响。**它属于既对会计核算方法不敏感，又与利润高度相关的项目。**

1. 市销率

在实务中，我们会用**市销率**（Price to Sales，PS）来替代市盈率进行估值。市销率指的是每股价格 P 与每股销售收入 S 之比，也可以用权益总市值与总营业收入之比来计算。

$$PS = \frac{每股价格}{每股销售收入}$$

用市销率估值的逻辑与用市盈率估值的逻辑相同，即用可比公司的 PS 乘以目标公司的每股销售收入，从而得到目标公司的每股估计价格。

2. 以现金流为基础的比率

用市销率来估值并不是解决会计核算方法不可比的唯一途径。在财务报表中，与利润相关又对会计核算方法不敏感的还有现金流。现金流和利润密切相关，特别是经营活动的现金流与利润的关系更加密切。现金流是描述现金流入和流出的指标，除了现金流分类会受到会计核算方法的影响外，其他方面基本上不会受影响。总体而言，**现金流对会计核算方法是不敏感的。

在实务中，我们会用权益总市值与**息税折旧摊销前利润**（Earnings Before Interest, Taxes, Depreciation and Amortization，EBITDA）之比作为一个指标来解决会计核算方法不可比的问题。

$$PE^* = \frac{权益总市值}{EBITDA}$$

EBITDA 中的 D 代表折旧，A 代表摊销，指的是在息税前利润 EBIT 的基础上加回了折旧和摊销，这是一种简易的计算经营活动现金流的方法。

因为 EBIT 剔除了财务费用的影响，可以被简化地视为经营活动的利润。假设公司的经营性应收项目、存货以及经营性应付项目在本年度没有变化，或者总体变化为零，那么在此基础上加回折旧和摊销得到的 EBITDA 就可以被简化地视为经营活动现金流。

因此，用权益总市值除以公司的 EBITDA 也是一个常用的替代法，来解决会计核算方法不可比的问题。用可比公司的权益总市值与 EBITDA 之比，乘以目标公司的 EBITDA，就可以得到对目标公司的估值。

对亏损公司的估值

如果可比公司是赢利的而目标公司是亏损的，那么可比公司的 PE 是正数，而目标公司的 EPS 是负数，最终的估值结果也是负数。显然，即使是亏损的公司，其股价也不可能为负，所以用常规的乘数法对亏损的公司进行估值是不可行的。那应该怎么处理呢？

很多互联网公司在上市时可能是亏损的，甚至在上市若干年后仍然亏损。于是，我们不再用利润，而是用其他对公司价值有影响的数据（即价值驱动因素），如公司网站注册用户的数量、点击率等，通过找到它们与公司市值之间的关系（比如用权益总市值除以注册用户的数量或者点击率等非财务指标），来对亏损的公司进行估值。

对多元化公司的估值

另一个常见的棘手问题是对多元化公司的估值，因为很难找到与多元化公司完全匹配的同行业公司。比如一家公司有三种业务，另一家公司有五种业务，这五种业务中有两种与第一家公司一样，但两家公司的行业可能仍然是不可比的。即使多元化公司找到了一个与其业务构成一样的公司，也可能因为两家公司各业务的比重不同而不可比，所以对于多元化公司，需要用其他方法来进行估值。

一个简单的方法是，**把多元化公司拆分成若干个单一业务，再对每种业务进行估值，最后求和**。但是，多元化公司通常是有杠杆的，当把它拆分成多个单一业务时，很难知道各业务的财务杠杆，因此，我们需要采用无杠杆税前市盈率来对每个业务进行估值，再对各业务的估值加总求和，得到无杠杆公司的权益总市值，然后减去无杠杆税前市盈率使用过程中涉及的调整之后的债务价值，最后得到整个公司的权益总市值。

[例6-6] 如表6-7所示，一家公司有三种业务，第一种是制造塑料玩具，第二种是制造户外家具，第三种是制造办公用品，由于它们的增长前景等都不一样，所以它们的市盈率也不一样。

假设不同业务的行业平均无杠杆税前市盈率如下：塑料玩具业务是27倍，户外家具业务是18倍，办公用品业务是22倍。若塑料玩具业务每年的销售收入是2 000万元，息税前利润是200万元；户外家具业务每年的销售收入是1 500万元，息税前利润是100万元；办公用品业务每年的销售收入是700万元，息税前利润是50万元。计算得知，公司总销售收入是4 200万元，三种业务的息税前利润之和是350万元。

表6-7　多元化公司的业务情况

业务类型	无杠杆税前市盈率	销售收入（万元）	息税前利润（万元）
塑料玩具	27	2 000	200
户外家具	18	1 500	100
办公用品	22	700	50
合计		4 200	350

表6-8详细展示了用无杠杆税前市盈率对每种业务进行估值的过程。

表6-8　用无杠杆税前市盈率对每种业务进行估值

业务类型	息税前利润（万元）	无杠杆税前市盈率	估值
塑料玩具	200	27	5 400
户外家具	100	18	1 800

（续）

业务类型	息税前利润（万元）	无杠杆税前市盈率	估值
办公用品	50	22	1 100
合计	350		8 300

对塑料玩具业务估值：

$$200 \times 27 = 5\,400\,（万元）$$

对户外家具业务估值：

$$100 \times 18 = 1\,800\,（万元）$$

对办公用品业务估值：

$$50 \times 22 = 1\,100\,（万元）$$

将这三种业务的估值加总，得到：

$$5\,400 + 1\,800 + 1\,100 = 8\,300\,（万元）$$

但是，8 300万元是无杠杆公司的价值，我们还需减去调整之后的债务价值，才能得到公司的权益总市值。

假设这家公司债务总额的账面价值是500万元，τ^*是14%，则公司的估值是：

$$8\,300 - 500 \times (1 - 14\%) = 7\,870\,（万元）$$

6.6
市净率的用法

除了用市盈率来进行估值,我们有时还会用市净率来进行估值。市净率指的是权益总市值除以股东权益的账面价值,或每股股价除以每股股东权益的账面价值。

$$市净率 = \frac{每股股价}{每股股东权益的账面价值}$$

用市净率进行估值的方法非常简单,用可比公司的市净率乘以目标公司的每股股东权益的账面价值,即可得到对目标公司每股股价的估值。但是,用市净率估值也面临着与市盈率估值相似的问题,比如同样要求两家公司的增长率、财务杠杆水平、会计核算方法等可比。除此之外,市净率估值比市盈率估值还多了一个要求。这个要求是什么呢?我们先来分解一下市净率:

$$PB = \frac{COMEQUITY}{BV} = \frac{COMEQUITY}{E} \times \frac{E}{BV}$$

式中,COMEQUITY 代表公司的权益总市值,BV 代表股东权益的账面价值。市净率被分解成了两部分的乘积：一部分为市盈率 $\dfrac{\text{COMEQUITY}}{E}$，另一部分为净资产报酬率 ROE，即式中的 $\dfrac{E}{\text{BV}}$。市净率就为市盈率和净资产报酬率相乘的结果。

因此，**用市净率估值时，除必须满足用市盈率估值时所要求的可比性外，还要求两家公司的净资产报酬率具有可比性**。如果两家公司的净资产报酬率不可比，我们就需要用市盈率来估值。

采用市净率估值，并没有避开用市盈率进行估值时所遇到的各种挑战，甚至还多了一个净资产报酬率可比的要求。因此，现实中并不把市净率估值作为一个独立于市盈率估值的常用方法。

至此，我们对乘数法估值就有了比较完整的了解。虽然乘数法估值的思路非常简单，但是其对可比性的要求非常高。除了常用的市盈率，还可以使用其他乘数，如 PEG、无杠杆税前市盈率、市销率、公司权益总市值与息税折旧摊销前利润之比等。

有兴趣的读者可以去看一些投行的研究报告，你会发现在估值过程中所有的这些比率都可能被用到，包括前面章节介绍过的各种现金流贴现法。

为什么在实务中会使用各种不同的估值法对同一家公司进行估值呢？因为估值的过程有着非常大的主观性，所以估值结果往往存在着很大的不确定性，用任何一种估值方法都会带有很多的假设和估计，我们可能在不经意间就会使用一些不太合理的假设或估计，所以就需要用各种不同的方法来估值，对比不同方法得到的结果，进行调节，最终得到我们对公司价值的判断。这样可以在一定程度上减少由于不同方法所使用的假设或估计不合理带来估值结果出现较大误差的情况。

估值本身更像一门艺术。要让估值结果更加准确合理，除了要有效地使用各种不同的估值模型外，更重要的是要对公司未来的运营前景有准确的判断。换句话说，更准确的定性判断是更准确的定量结果的非常重要的前提。

重要知识点

每股收益（EPS）

用公司利润表上的净利润除以公司发行在外的普通股股数，就是每股股票对应的净利润。计算公式为：

$$EPS = \frac{净利润}{发行在外的普通股股数}$$

市盈率（PE）

市盈率是用每股股票的价格除以每股收益，体现了每1元净利润对应的股价。计算公式为：

$$PE = \frac{每股股价}{每股收益}$$

市净率（PB）

市净率是用每股股价除以每股股东权益的账面价值。计算公式为：

$$PB = \frac{每股股价}{每股股东权益的账面价值}$$

用市盈率进行估值

找一家或一组可比公司，用待估公司的每股收益去乘以这家或这组可比公司的市盈率，就得到了待估公司的每股股价。计算公式为：

待估公司的每股股价＝可比公司的市盈率×待估公司的每股收益

对可比公司的要求

乘数法估值的基本要求是找到可比公司。可比公司应在业务、会计核算方法、资本结构和增长前景四个方面与目标公司的情况相似。

增长率不可比时的处理方法

当目标公司与可比公司的增长率不可比时，可以用 PEG 代替 PE 进行估值，PEG 为 PE 与公司增长率之比。计算公式为：

$$PEG_{COMP} = \frac{PE_{COMP}}{g_{COMP}}$$

然后用可比公司的 PEG 乘以目标公司的增长率 g_{TARGET} 再乘以目标公司的 EPS_{TARGET}，即可得到目标公司的估计股价。

$$P_{TARGET} = PEG_{COMP} \times g_{TARGET} \times 100 \times EPS_{TARGET}$$

只有当一家公司处在两位数以上增长率的高增长阶段，同时可比公司和目标公司存在着巨大增长差时，我们才需要使用 PEG 来替代 PE 估值。相反，如果两家公司都处在只有个位数增长率的低增长阶段时，即便两家公司的增长率存在比较大的差异，我们也没必要用 PEG 来代替 PE 估值，此时使用 PE 的估值结果反而更准确。

财务杠杆不可比时的处理方法

当目标公司与可比公司的财务杠杆不可比时，用无杠杆税前市盈率来代替原来的市盈率进行估值。计算公式为：

$$\text{COMEQUITY}_{TARGET} = \text{PE}^*_{U,COMP} \times \text{EBIT}_{TARGET} - \text{DEBT}_{TARGET} \times (1-\tau^*)$$

用无杠杆税前市盈率来进行估值，其关键点是如何计算无杠杆税前市盈率以及如何对债务数额进行调整。

市销率（PS）

市销率指的是每股价格与每股销售收入之比，也可以用权益总市值与总营业收入之比来计算。计算公式为：

$$\text{PS} = \frac{\text{每股价格}}{\text{每股销售收入}}$$

以现金流为基础的比率

可用权益总市值与息税折旧摊销前利润之比作为一个指标，来解决会计核算方法不可比的问题。计算公式为：

$$PE^* = \frac{权益总市值}{EBITDA}$$

对亏损公司的估值

不再使用利润，而是采用其他对公司价值有影响的数据（即价值驱动因素），如公司网站注册用户的数量、点击率等，通过找到它们与公司市值之间的关系（比如用权益总市值除以注册用户的数量或者点击率等非财务指标），来对亏损的公司进行估值。

对多元化公司的估值

把多元化公司拆分成若干个单一业务，再对每种业务进行估值，最后求和。

用市净率进行估值的前提条件

用市净率估值时，除必须满足用市盈率估值时所要求的可比性外，还要求两家公司的净资产报酬率具有可比性。因此，现实中并不把市净率估值作为一个独立于市盈率估值的常用方法。

第7章

公司价值的源泉

7.1
公司凭什么值钱

通过前面章节的学习，我们已经了解了估值的基本逻辑，知道了如何用各种不同的模型进行估值，那么，公司价值究竟从何而来呢，公司又是如何创造价值的呢？

公司价值的真正源泉是自身的核心竞争优势。只有当一家公司拥有竞争优势的时候，它才能创造出高于预期收益水平的收益，即**超额收益**，也正是这些超额收益给公司带来了经济利润。所谓经济利润，指的是公司的实际收益超过预期收益的部分。所谓预期收益，指的是拥有行业平均盈利水平时的收益，即股东在没有承担额外风险的情况下，可以在其他地方挣到的钱。所以，经济利润是公司真正为股东所创造的价值，公司整个生命周期的经济利润之和就是公司为股东所创造价值的总和。

价值，从根本上来说，源自公司的竞争优势：一家公司能够比其他公司更有效地利用资产，从而创造出更高的实际回报。既然如此，我们用各种方法去估计一家公司的价值，就是去衡量这家公司到底比其他公司多创造了多少价值。

价值创造如此重要,那它究竟被什么驱动呢?增长是否会创造价值?此外,我们可能还有很多其他疑问,比如:如果两家公司属于同一行业,它们的 PE 是不是应该一样呢? PE 到底反映了公司的什么特性? PB 又反映了公司的什么特性?在不同的发展阶段,公司的 PE 和 PB 会有怎样的特征?在本章中,我们将详细讨论这些问题。

7.2 只要增长，公司就会更值钱吗

日常生活中，我们常常认为有增长的公司才是有生命力、有吸引力的公司，进而，我们会认为增长是价值创造的驱动因素。那么，增长和价值创造之间到底有着怎样的关系呢？我们从一个具体的例子说起。

[例 7-1] 假设一家公司的净资产报酬率为 10%，它能够自由地决定股利分配的数额和留存收益的数额。

假设有三种情形：第一种情形是分配 75% 的利润，留存 25% 的利润；第二种情形是分配 50% 的利润，留存 50% 的利润；第三种情形是分配 25% 的利润，留存 75% 的利润。

只有留存下来的利润才会与公司以前的所有投入一起，继续创造收益并产生价值。在第一种情形下，只有留存下来的 25% 的利润才会创造 10% 的后续收益，从而使得公司的净利润增长 2.5%；在第二种情形下，留存下来的 50% 的利润会产生 10% 的后续收益，所以它会使得公司的净利润增长 5%；在第三种情形下，留存下来的 75% 的利润会产

生10%的后续收益，所以它会使得公司的净利润增长7.5%。因此，在这三种不同的分红情形下，由于公司不同的股利分配和留存收益的比例，就产生了不同的净利润增长率。

在这三种情形下，公司的股价会怎样变动呢？我们可以用股利贴现模型来估值。因为公司在决定分红比例之后，股利水平其实就与盈利密切相关，盈利有多少增长，股利就会有多少增长，所以我们假设公司的股利以一个固定的比例增长，增长率是 g。如果公司的盈利 E 是100元，贴现率 r 即为预期回报率10%，公司的估值计算如表7-1所示。

表7-1 利润分配与公司价值

利润分配的比例 h	净利润（或股利）增长率 g （$g=(1-h)\times \text{ROE}$）	公司价值 P $\left(P=\dfrac{h\times 100}{r-g}\right)$
0.75	0.025	1 000
0.50	0.050	1 000
0.25	0.075	1 000

在第一种情形下，公司的估值是：

$$100\times \frac{75\%}{10\%-2.5\%}=1\,000（元）$$

在第二种情形下，公司的估值是：

$$100\times \frac{50\%}{10\%-5\%}=1\,000（元）$$

在第三种情形下，公司的估值是：

$$100 \times \frac{25\%}{10\% - 7.5\%} = 1\ 000（元）$$

可以看到公司在这三种不同的情形下，虽然不同的股利分配比例导致再投资的比例不同，进而使得每股利润的增长率也不同，但是三种情形下公司的价值没有任何的变化！这主要是因为我们假设公司的实际收益水平 ROE 和预期收益水平 r 相等（ROE= r =10%）。虽然这时公司的利润确实在增长，但是价值创造能力并没有增加。

根据例 7-1，我们可以得出这样的一个结论：**公司是否会创造价值，并不取决于是否有更多的留存收益，也不取决于利润是否增长，而是取决于公司是否创造了剩余收益**。只有当公司创造了剩余收益（ROE>r）时，留存的收益才会真正创造价值。如果公司的实际收益水平和股东的预期收益水平完全相等，那么股东把资金投入这家公司和投入其他公司能够获得完全相等的收益水平，即此时把钱分给股东让他们自己去投资或把钱留在公司继续投资，二者所获得的收益完全相等。因此，**增长未必是创造价值的驱动力，关键要看是哪方面的增长，真正驱动价值创造的增长一定是剩余收益的增长**。

7.3
公司创造的超额收益在逐年增长吗：市盈率的决定因素

我们常用市盈率来对公司进行估值。那么，市盈率受哪些因素的影响呢？

市盈率的简单推导

我们先看看股利贴现模型的估值公式。假设公司的股利支付率是100%，即公司会把当年所有的净利润都作为股利分配出去。此时的股利和净利润完全相等，那么我们在用股利贴现模型对每年的股利进行贴现时，实际上就是对公司每年的净利润 E 进行贴现。此外，假设公司每年的盈利都相同，即公司净利润 E 保持不变。那么，股利贴现模型的估值过程就可以简化为：

$$P=\sum_{t=1}^{\infty}\frac{E_t}{(1+r)^t}=\frac{E}{r}$$

进而，市盈率 PE 可以表示为：

$$\frac{P}{E} = \frac{1}{r}$$

即公司在没有任何增长的情况下，市盈率是$\frac{1}{r}$。

复权后的市盈率

我们再来看与市盈率有关的另外一个概念。如果公司每股股价是 10 元，在每股分配了 1 元的股利后，理论上每股股价就应该变成 9 元。在分红之前，如果 E 是 1 元，那市盈率就是 10 倍，但是分红之后，市盈率就变成了 9 倍。事实上，公司的估值水平没有任何变化，只是由于分红造成了股价机械性的减少，所以此时我们引入了一个新的概念——**复权后的价格**。

复权后的价格是指把分红后的股价恢复到分红前的股价。例如，如果把上述例子中的 9 元恢复到分红前的价格 10 元，那么 10 元就叫复权后的价格。假设每股分配的股利为 d，除权后的每股价格是 P，每股收益为 E，如果此时公司的股利支付率仍为 100%，则 $d=E$，那么**复权后的市盈率**就是：

$$\frac{P+d}{E} = 1 + \frac{1}{r}$$

即公司在没有任何增长时，复权后的市盈率是 $1+\frac{1}{r}$。

现实中的公司可能会存在增长的情况，那么市盈率又该如何计算呢？

按照剩余收益模型，公司的权益价值由两部分组成：一部分是股东权益的账面价值，另一部分是剩余收益的现值总和，经过变形得到如下公式：

$$P_t = B_t + \sum_{j=1}^{\infty} \frac{E_{j+t}^a}{(1+r)^j}$$

按照这个关系，我们可以得到：

$$\frac{复权后的P}{E} = \frac{P_t + d_t}{E_t} = 1 + \frac{B_{t-1}}{E_t} + \sum_{j=1}^{\infty} \frac{E_{j+t}^a}{(1+r)^j \times E_t}$$

由于前一期的期初账面价值 B_{t-1} 是公司的实际收益和剩余收益之差去除以预期收益率 r，而剩余收益与 B_{t-1} 乘以 r 的结果之和是公司的预期收益，即

$$B_{t-1} = \frac{E_t - E_t^a}{r}$$

$$E_t = E_t^a + rB_{t-1}$$

进一步，我们可以得到：

$$\frac{P_t + d_t}{E_t} = 1 + \frac{(E_t - E_t^a) \div r}{E_t} + \sum_{j=1}^{\infty} \frac{E_{j+t}^a}{(1+r)^j \times E_t}$$

上式中，整个连加符号里实际上是未来公司各期剩余收益贴现的结果。同样，如果我们假设公司未来剩余收益保持不变，那么上式就可以简化成：

$$\frac{P_t + d_t}{E_t} = \left(1 + \frac{1}{r}\right) + \frac{1}{E_t}\left[\frac{E_{j+t}}{(1+r)^j} - \frac{E_t^a}{r}\right]$$

显然此时：

$$\frac{E_{j+t}}{(1+r)^j} - \frac{E_t^a}{r} = 0$$

因此，整个复权后的市盈率就恢复到最简单基准的情况，即 $1 + \frac{1}{r}$。

从上述推导过程可知，一家公司的市盈率高于没有增长情况下的市盈率，其原因就是在于

$$\frac{1}{E_t}\left[\frac{E_{j+t}}{(1+r)^j} - \frac{E_t^a}{r}\right] > 0$$

这是因为公司未来的剩余收益其实并不等于当前的剩余收益。只有当未来的剩余收益大于当前的剩余收益时，这个不等式才成立。

所以，市盈率的决定因素就是现在和未来剩余收益的关系。当现在的剩余收益与未来的剩余收益相等时，市盈率就是基准情况下的 $1 + \frac{1}{r}$；当未来的剩余收益大于当前的剩余收益时（或剩余收益有增长时），市盈率就会比 $1 + \frac{1}{r}$ 大。因此，我们可以得出结论：**市盈率取决于公司剩余收益的增长能力，即剩余收益未来的增长前景！**

7.4
公司创造了超额收益吗：市净率的决定因素

市净率与市盈率的含义以及它们背后的决定因素，有什么不同？

我们知道，剩余收益模型的变形公式可以表示为：

$$P_t = B_t + \sum_{j=1}^{\infty} \frac{(\text{ROE}_{j+t} - r) B_{j+t-1}}{(1+r)^j}$$

按照剩余收益模型，公司的价值取决于两部分：一部分是目前股东权益的账面价值，反映的是公司具有平均收益水平时的价值；另一部分是公司剩余收益的价值，是剩余收益的现值之和。那么，公司的市净率可以表示为：

$$\frac{P_t}{B_t} = 1 + \sum_{j=1}^{\infty} \frac{(\text{ROE}_{j+t} - r)}{(1+r)^j} \times \frac{B_{j+t-1}}{B_t}$$

由上式可知，市净率的基准情况是公司的市值等于账面价值，这意味着公司只具有创造平均收益的能力。什么时候公司的市净率会大于 1 呢？当 $\sum_{j=1}^{\infty}\frac{(\mathrm{ROE}_{j+t}-r)}{(1+r)^j}\times\frac{B_{j+t-1}}{B_t}>0$ 时。显然，如果公司的实际收益率 ROE 大于预期收益率 r，市净率就会大于 1。而实际收益大于预期收益就说明公司在创造正的剩余收益，正的剩余收益的真正驱动因素就是公司的竞争优势！所以，与市盈率不同的是，**决定市净率的根本原因是公司能否创造剩余收益**。当公司的剩余收益等于 0 时，公司的市净率就是基准情况 1；只有当剩余收益大于 0 时，公司的市净率才大于 1。

总而言之，市盈率取决于公司剩余收益的增长能力，无论剩余收益现在是正的还是负的，关键要看它是不是能够增长。但是，市净率要看剩余收益是正的还是负的，只有当公司具有正的剩余收益时，市净率才会大于 1。

7.5 企业在不同生命周期的估值特征

本节我们将通过市盈率和市净率,来进一步认识企业在不同生命周期的估值特征。

理论推导:当前剩余收益与未来剩余收益的关系

图 7-1 反映了企业当前剩余收益和未来剩余收益之间的关系。其中,横轴反映的是企业当前的剩余收益水平,纵轴反映的是企业未来的剩余收益水平,经过原点且与横轴夹角为 45°的斜线表示的是未来的剩余收益等于现在的剩余收益。如果企业未来的剩余收益等于 0,企业就没有创造剩余收益的能力,那么市净率应该正好等于 1。当未来剩余收益与当前剩余收益相等时,则意味着剩余收益是没有增长潜力的,图 7-1 中经过原点且与横轴夹角为 45°的斜线就表示了企业没有增长潜力的市盈率水平,即 $PE = \dfrac{1+r}{r}$。

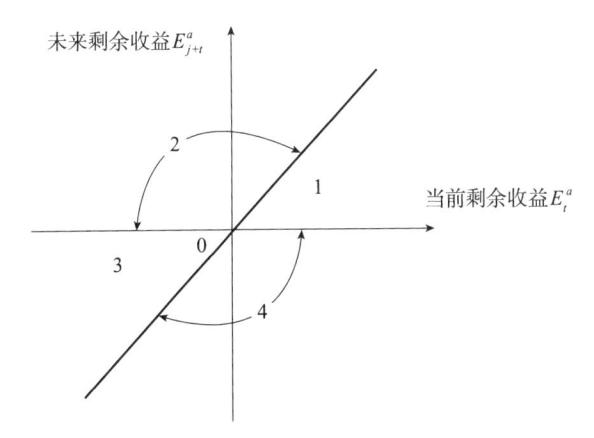

图7-1 当前剩余收益与未来剩余收益的关系

在图 7-1 中，横轴和 45° 的斜线把坐标系分成了 4 个区间。不同区间的市盈率和市净率具有怎样的特征，又分别说明了什么呢？

1 区：$E_t^a > E_{j+t}^a > 0$，区间内的企业 PE 低、PB 高，是成熟企业。

2 区：$E_{j+t}^a > E_t^a$，$E_{j+t}^a > 0$，区间内的企业 PE、PB 都高，是高增长企业。

3 区：$E_t^a < E_{j+t}^a < 0$，区间内的企业 PE 高、PB 低，是复苏、重组的企业。

4 区：$E_{j+t}^a < E_t^a$，$E_{j+t}^a < 0$，区间内的企业 PE、PB 都低，是当前盈利不好，又没有增长潜力的企业。

在 1 区中，企业当前的剩余收益大于 0，未来的剩余收益也大于 0，但未来的剩余收益要比当前的剩余收益小，即剩余收益虽然大于 0，但会越来越少。这意味着企业是没有增长潜力的，其市盈率小于基准情况 $\frac{1+r}{r}$，市盈率水平较低。但是，由于未来的剩余收益大于0，意味着企业还是有创造剩余收益的能力，其市净率应该大于1，企业的市净率水平较高。因此，处在1区的企业现在和未来都能够创造剩余收益，但是创造剩余收益的能力会越来越低，该企业通常处于成熟期：**成熟企业具有较低的市盈率和较高的市净率**。

在2区中，企业当前的剩余收益可能大于0，也可能小于0，而未来的剩余收益大于0，同时未来的剩余收益要比当前的剩余收益多。这意味着企业未来的剩余收益处于增长状态，并且未来能够创造剩余收益。因此，企业的市盈率大于基准情况 $\frac{1+r}{r}$，市盈率水平较高。同时，由于企业能够创造剩余收益，说明市净率水平也较高。因此，处在2区的企业未来能够创造正的剩余收益且是有增长的，该企业通常处于高增长阶段：**处于高增长阶段的企业具有较高的市盈率和较高的市净率**。

在3区中，企业当前的剩余收益小于0，未来的剩余收益也小于0，且未来的剩余收益要大于当前的剩余收益。这意味着，虽然企业一直都无法创造正的剩余收益，但是情况会有所好转，企业在未来是有增长的。因此，企业的市盈率大于基准情况 $\frac{1+r}{r}$，市盈率水平较高。然而，企业仍然不能够创造正的剩余收益，所以它的市净率小于1，市净率水平较低。因此，处在3区的企业现在和未来都不能创造正的剩余收益，但是剩余收益情况会有所好转，该企业通常处于复苏阶段：

处于复苏阶段的企业具有较高的市盈率和较低的市净率。

在 4 区中，企业当前的剩余收益可能大于 0，也可能小于 0，但是未来的剩余收益小于 0，同时未来的剩余收益要比当前的剩余收益少，这意味着企业未来的情况会持续恶化。由于剩余收益没有增长，因此市盈率小于基准情况 $\frac{1+r}{r}$，市盈率水平较低。同时，由于企业未来不能创造正的剩余收益，因此市净率也小于基准情况 1，市净率水平也较低。因此，处在 4 区的企业当前还可能创造一些剩余收益，但是未来一定不能创造剩余收益，且其创造剩余收益的能力越来越低，该企业是没有增长潜力的：**无潜力的企业具有较低的市盈率和较低的市净率。**

具体应用：定性判断与定量分析结合

以上的分析只是理论上的推导，现实中，市盈率的基准情况可能不是 $\frac{1+r}{r}$，市净率的基准情况也可能不是 1。特别是中国市场的整体估值水平相对较高，在这种情况下该理论推导有什么作用呢？

我们可以把一个行业的上市公司的市盈率和市净率的平均值或中位数作为基准，对每家公司所处的发展阶段做出定性的判断，用这个定性的判断与其估值情况进行对比校正。

比如，一家上市公司当前处于衰退阶段，按理说它就应该处在具有较低市盈率和较低市净率的 4 区，但如果我们发现它的估值水平并非如此，比如它的市盈率或者市净率单独出现了或同时出现了较高的情况（高于平均值或中位数），就意味着这家公司的股价存在高估的可能性。

同理，一家高增长的上市公司本来应该具有较高的市盈率和市净率，但如果我们发现它的其中一个比率甚至两个比率都低于平均值或中位数，就意味着这家公司的股价存在低估的可能性。

因此，我们可以用上述理论与对公司的定性判断做个对照，特别是把这种方法用在大样本数据中，来发现那些可能价值高估或者低估的公司。

至此，我们就基本了解了估值的逻辑。任何估值都有很大的主观性。主观判断难免会产生估计或判断的不合理，因此，人们在现实中往往会采用多种不同的估值法来进行估值，最后在多种方法中寻求平衡。

公司价值的源泉

公司是否会创造价值,并不取决于是否有更多的留存收益,也不取决于利润是否增长,而取决于公司是否创造了剩余收益。公司价值的增长也取决于创造剩余收益能力的增长。

- 市盈率取决于公司剩余收益的增长能力,即剩余收益未来的增长前景。

- 市净率取决于公司能否创造剩余收益。当公司的剩余收益等于 0 时,公司的市净率就是基准情况 1;只有当剩余收益大于 0 时,公司的市净率才大于 1。

企业在不同生命周期的估值特征

理论上:

- 成熟企业具有较低的市盈率和较高的市净率。

- 处于高增长阶段的企业具有较高的市盈率和较高的市净率。

- 处于复苏阶段的企业具有较高的市盈率和较低的市净率。

- 无潜力的企业具有较低的市盈率和较低的市净率。

但事实并非完全如此，我们可以把一个行业的上市公司的市盈率和市净率的平均值或中位数作为基准，对每家公司所处的发展阶段做出定性的判断，用这个定性的判断与其估值情况进行对比校正，来发现那些可能价值高估或者低估的公司。